JN004749

NHKきょうの料理

大原千鶴のおいしい冷凍レシピ

NHK出版

はじめに

「冷凍〜？　ほんまにおいしくできるの？」。昭和世代の私は今までずっと「アンチ冷凍」派でした。

小さいころから人数が多い家で育ちましたから、食材は新しいうちに食べきるのが当たり前。もしくはお漬物や干し野菜にして保存するのが普通でした。

結婚してからも毎日の子どもの食事や、親戚の集まりなどで料理をつくり続けましたが、冷凍に目をやる暇はありませんでした。

そのころの私の冷凍庫にはおみそと、お餅と、パンくらいしか入っていなかったのに、冷蔵庫を新調しようと家電量販店に行くとどの冷蔵庫も冷凍室が大きくて「なんだかなぁ〜」「みんな冷凍が好きなんだなぁ」と、世の中の流れに逆らっているみたいで淋《さび》しい気持ちになっていましたよ。

そんな私も、子どもが大きくなって、家族が家でごはんを食べない日も増え、食材を使いきれない危機に見舞われるように。加賀から送られてくるおいしい大量のれんこん。昔の癖で大パックを買ってしまったこま切れ肉。安売りしていた割れたトマト。どんな食材も無駄にはしたくないですから、恐る恐る冷凍にチャレンジ。

やってみると「あれ？　これってめっちゃ便利」「すぐ柔らかくなるやん」「早くできる〜」と、その便利さに驚くこと驚くこと。よく考えたら今までやっていた、野菜をあらかじめ切っておいた「切りおき」、野菜をゆでておいた「ゆでおき」、味をつけた肉やお魚の「漬けおき」、それらの便利アイテムは、冷蔵のままだとどうしても早く使わなきゃと焦ってしまうことが多かったのですが、冷凍することで保存期間が長くなり、「心の余裕ができる」ということに気がついたのです。

今は家族の人数が少ない世帯が多いそう。「買い物しても素材をダメにしてしまう」「一度に食べきれない」「同じものを食べ続けるのがつらい」そのお気持ち、わかります。でも冷凍を上手に使えば食べ飽きることも無駄にすることも減り、フードロス削減や家計の助けにもなる明るい未来が見えてくるのでは？

そんな気持ちでこの本をつくりました。未来への希望を冷凍に託して。

私の年齢も冷凍したいくらいですが、無理ですね……（涙）。そんな冷凍庫あったらなぁ。

目次

第2章 肉と魚の漬けおき冷凍

第3章 肉おかずの冷凍ストック

大原流 かんたん冷凍のコツ

せっかく冷凍した食材も、使わなければ冷凍庫のスペースを占領するだけになってしまいます。

無理なく使い続けるためには、思い立ったら〝すぐに使える〟状態で冷凍するのが大切です。

野菜は生のまま使いやすく切り分け、必要に応じて下ごしらえをしておくとスムーズです。

メイン料理になる肉や魚はたれに漬け込んだり、焼きつけたりしてから冷凍すると、調理の大幅時短になります。

にんにくとしょうが、しいたけとしめじ、ピーマンとパプリカのように一緒の出番が多く、同じ場面で使えるものは、〝ミックス冷凍〟でより使いやすく。

どの食材も、袋の中でなるべく重ならないように平らに整えた〝バラ冷凍〟にすれば、パパッと鍋に放り込めます。

1 下ごしらえをする

基本は食べやすく、よく使う形に切り分ければOK。生のままだと火が通るのに時間がかかるなすやかぼちゃは、レンチンしておきましょう。

←

冷凍庫へ！

2 袋・容器に詰める

保存するときは食材が空気に触れる面積を小さくするように、ぴったりと密閉します。一度袋に入れたあとに、空気を抜きながら、なるべく食材どうしが重ならないよう平らに整えてください。容器に詰めるときも、食材が重ならないように並べ入れます。

※ここでは、野菜を例に説明していますが、肉や魚を冷凍するときも同じ考え方で大丈夫です。

〈冷凍レシピのお品書き〉

第1章

野菜の切りおき冷凍

▶P.9

なす、かぼちゃ、大根・にんじん、きのこ、白菜……など17種類の野菜の冷凍方法と、煮てよし、焼いてよしの豊富な活用レシピを紹介します。

第2章

肉と魚の漬けおき冷凍

▶P.59

味しみのメインディッシュが手早くつくれる漬けおき冷凍。切り身魚を冷凍しておいしく食べるレシピも紹介します。

第3章

肉おかずの冷凍ストック

▶P.77

温めてそのまま食卓に並べても、アレンジしても間違いなくおいしい、調理済みのボリューム肉おかずの冷凍術を紹介します。

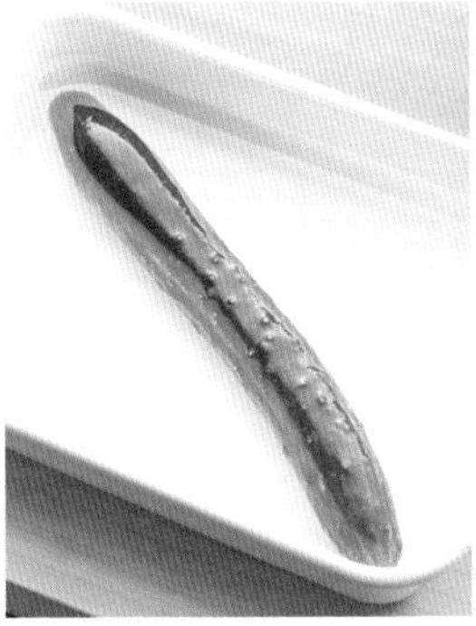

調理するときは

レシピによって、凍ったまま加熱する場合と、冷凍庫から出して冷蔵庫や室温において自然解凍してから使う場合があります。急ぐときは、水につけると早く半解凍できます。

まずは、あらゆる料理に使える薬味から冷凍スタート！

にんにく・しょうが

一緒の出番が多いにんにくとしょうがのみじん切りは、ミックス冷凍がとても便利。
使うときは、必要な分だけパキッと折ってフライパンへ。

にんにく、しょうがはみじん切りにする。にんにく1：しょうが1の割合で冷凍用保存袋に入れ、平らに整えて冷凍する。

保存 冷凍庫で約1か月間

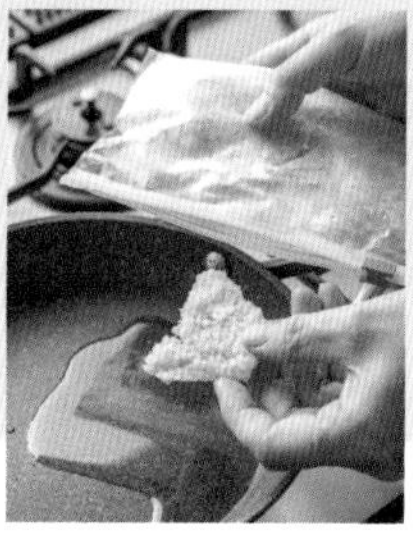

使い方

「なすの肉みそ煮」▶ P.11
「ミートソースパスタ」▶ P.17
「たまねぎとオクラのカレー炒め」▶ P.20
「肉みそピーマン」▶ P.24
「三色野菜のエスニックきんぴら」▶ P.35
「きのこのオイルパスタ」▶ P.40
「長芋のそぼろ煮」▶ P.42
「長芋のから揚げ」▶ P.43
「ブロッコリーのにんにくオイル蒸し」▶ P.54

この本の使い方

- この本は『NHKきょうの料理』2022年4月号から2023年3月号まで連載した「おいしく使いきる！大原千鶴の愛情ごはん」をベースに、新しいレシピを加え、再編集したものです。放送用のテキストではありません。
- この本で使用している計量カップは200mℓ、計量スプーンは大さじ1＝15mℓ、小さじ1＝5mℓです。1mℓは1ccです。
- 材料表の下のエネルギー、塩分は、特にことわりのないかぎり、およその1人分の数値です。時間はおよその調理時間です。
- この本で使用している「だし」は特にことわりのないかぎり、昆布・かつお風味のだしです。
- この本で使用している「チキンスープの素《もと》（中華風）」は、鶏ガラスープの素などとして市販されているものです。
- 電子レンジやオーブントースター、魚焼きグリル、ハンドブレンダー、フードプロセッサーなどの調理器具は、各メーカーの使用説明書などをよくお読みのうえ、正しくお使いください。
- 保存に使う袋や容器は、清潔なものをお使いください。また、食べごろや保存期間は目安です。季節や保存環境によって変わることがあります。

第1章

野菜の切りおき冷凍

「冷凍した野菜はおいしくない」、かつては私自身そう思い込んでいました。
ところが、家庭菜園で次から次へと採れる、丹精込めた野菜たち。
「無駄にしたくない」の思いに押されて冷凍を試してみたら、「あら、おいしい！」。
それから試行錯誤してたどり着いた、本当においしく冷凍できる野菜のレシピです。
下ごしらえ済みの切りおき冷凍なので、
ただ味が落ちないだけではなく、料理の時短につながります。
いちばんよく使う状態で冷凍するから、無理なく使いきることができますよ。

なす

なすは冷凍すると
味がしみやすくなり、
解凍するとキレイな
色に仕上がります。
レンチンしてあるから
パッと使えて、
火通りも一瞬です。

なす300gはヘタを落としてピーラーで皮をしまむきにする。水に10分間つけて、1コずつラップで包む。電子レンジ（600W）に4分間かける（途中、なすの場所を入れかえると加熱ムラができない）。手で触って全体がしんなりとしていたら取り出す。ラップをしたまま冷まし、重ならないように冷凍用保存袋に入れて冷凍する。

保存 冷凍庫で約1か月間

使い方

「なすのしょうがじょうゆ」
「なすの肉みそ煮」▶ P.11
「なすとかぼちゃの冷やし鉢」
▶ P.15

他にも
- みそ汁の具に
- ごまあえに
- ポン酢しょうゆをかけて

まずは
この1品！

＼冷やしても美味！／

なすの しょうがじょうゆ

材料（1人分）とつくり方

冷凍なす（上記参照）**1〜2コは自然解凍する。**食べやすい大きさに手で裂いて器に盛る。**しょうゆ・しょうが**（すりおろす）**・削り節各適量をかける。**

◎30kcal　◎塩分0.9g　◎5分*

*解凍する時間は除く。

なすの肉みそ煮

ピリリとした甘辛味で、さんしょうの香りがふくらむ“男前”なおかずです。
なすの大きさによって、煮込み時間を調整するとベストな仕上がりに。

1 フライパンにごま油小さじ2、冷凍にんにく・しょうが、ひき肉を入れて中火で炒める。火が通ったら、Aを加えて混ぜる。

2 冷凍なすを加え、ふたをして弱火にする。時々なすの上下を返しながら7〜8分間蒸し煮にして、なすを中まで温め、菜箸で食べやすく裂く。しょうゆ小さじ2を加えて全体にからめる。器に盛り、青ねぎと粉ざんしょうをあしらう。

材料（2人分）
冷凍なす（P.10参照）…4コ
豚ひき肉…100g
冷凍にんにく・しょうが（P.8参照）…5g
A［甜麺醤（テンメンジャン）…大さじ1
　 豆板醤（トーバンジャン）…小さじ½
青ねぎ（小口切り）・粉ざんしょう…各適量
●ごま油・しょうゆ
◎190kcal　◎塩分1.8g　◎10分

かぼちゃ

切るのに手間がかかるかぼちゃは、一度にまとめて下ごしらえをすると楽。1切れずつちょこちょこ使える「バラ冷凍」で、使い勝手大幅アップです。

かぼちゃ正味300gはワタを取って一口大に切り、耐熱の保存容器に皮を下にして重ならないように入れる。水大さじ1～2を全体にふってふんわりとラップをし、電子レンジ（600W）に4～5分間かける。竹串を刺してスッと通ったら取り出して粗熱を取り、そのままふたをして冷凍する。

保存 冷凍庫で約1か月間

使い方

「かぼちゃのチキングラタン」
「かぼちゃご飯」▸ P.14
「なすとかぼちゃの冷やし鉢」▸ P.15

他にも
- かぼちゃサラダに
- 付け合わせに

かぼちゃのチキングラタン

なめらかでやさしい甘さのチキングラタンです。
ソースづくりもレンチンで、手間がかかりません。

1 耐熱ボウルに小麦粉20gを入れ、牛乳を少量加えて泡立て器でなめらかになるまで混ぜる。残りの牛乳を加えてさらに混ぜる。

Point!

少量の牛乳でダマがなくなるまで溶き混ぜてから、残りの牛乳を加えるとなめらかなソースになる。

材料（2人分）

A
- 冷凍かぼちゃ（上記参照）…200g
- 冷凍鶏の焼きおき（P.78参照）…200g
- 塩…小さじ1/2

牛乳…カップ1 1/2
シュレッドチーズ…30g
●小麦粉・バター

◎570kcal ◎塩分2.8g ◎20分

2　1にAを加えてへらでザックリと混ぜる。バター20gをのせ、ふんわりとラップをして、電子レンジ（600W）に6分間かける。よく混ぜてもう一度ふんわりとラップをし、電子レンジに6分間かけ、よく混ぜてなじませる。

Point!

レンチンで具材を解凍しつつ、全体にとろみをつける。

3　2を耐熱の器に入れ、チーズをかける。オーブントースターで3〜4分間焼く。

かぼちゃご飯

かぼちゃの甘みがホックリしみる炊き込みご飯。
炊き上がりにバターを混ぜ込むのが味の決め手です。

1 炊飯器の内釜に洗った米を入れ、1合の目盛りまで水を注ぎ、塩小さじ1/2を加えてひと混ぜする。冷凍かぼちゃをのせて普通に炊く。

2 炊き上がったらAを加えて全体を混ぜ、茶碗《わん》に盛る。あれば黒ごまをふる。

材料（2人分）

冷凍かぼちゃ（P.12参照）…150g

米…180mℓ（1合）

A［バター…10g
　しょうゆ…小さじ1

黒ごま…適宜

●塩

◎350kcal　◎塩分2.0g　◎10分*

*炊く時間は除く。

なすとかぼちゃの冷やし鉢

調味料に浸して解凍するだけ！
よく味がしみたなすと、甘さが際立つかぼちゃの組み合わせは絶品です。

Point!

調味料に浸しておくだけで、味がグングンしみる。浸っていない面があれば、途中で上下を返して浸すとよい。

1 保存容器に冷凍なす、冷凍かぼちゃを入れ、浸し地の材料をかける。冷蔵庫に半日間ほどおいて解凍しながら味を含ませる（写真）。

2 なすを食べやすく切り、かぼちゃとともに器に盛る。あればみょうがをのせる。

材料（2人分）

冷凍なす（P.10参照）…2～3コ
冷凍かぼちゃ（P.12参照）…150g
浸し地*
- だし…カップ1/2
- みりん（煮きったもの）・うす口しょうゆ…各カップ1/5

みょうが（小口切り）…適宜

◎110kcal　◎塩分2.6g　◎5分**

*めんつゆ（ストレートタイプ）カップ1でもよい。
**解凍する時間は除く。

トマト

トマトはつぶして冷凍すれば、トマト缶のように使える自家製万能調味料に。堅く凍っていたら、袋の上から麺棒などでたたくか、手で軽くほぐすと使いやすくなります。

熱湯にくぐらせて湯むきする。2〜4等分に切ってヘタを除き、冷凍用保存袋に入れる。手でもんでつぶし、平らに整えて冷凍する。

保存 冷凍庫で約1か月間

使い方

「トマトのフレーバーシャーベット」
「ミートソースパスタ」
▶ P.17
「ガスパチョ風トマトスープ」
▶ P.18
「鶏のトマトシチュー」
▶ P.22

まずは この1品！

＼冷凍トマトのデザート！／

トマトのフレーバーシャーベット

材料（1人分）とつくり方

冷凍トマト（上記参照）**30〜50gは凍ったまま砕いて器に盛り、メープルシロップ適量をかけ、塩・レモンの皮**（国産／すりおろす）**各少々をふる。**

◎25kcal　◎塩分0.6g　◎5分

ミートソースパスタ

時間のかかるミートソースも、冷凍トマトと冷凍にんにく・しょうがでサクッと。
トマトのうまみに赤ワインのコクが加わって、奥深い味わいになります。

パスタはお好みのものでどうぞ。
味がからみやすい
フジッリが、私のお気に入り

1 フライパンにオリーブ油大さじ1、Aを入れて中火で炒める。たまねぎがしんなりとしたら、ひき肉を加え、塩・こしょう各少々をふってさらに炒める。ひき肉に火が通ったら赤ワインを加え、炒めながらアルコールをとばす。

2 冷凍トマトを加え、ふたをして2～3分間煮る。トマトが溶けたらBを加え、混ぜながらポッテリとするまで5分間煮詰める。味をみて塩1つまみで調え、バター10gを加えて溶かし、火を止める。

3 ショートパスタは袋の表示どおりにゆでる。湯をきって器に盛り、2をかける。あればパセリをふり、好みでオリーブ油をかける。

材料（3～4人分）

冷凍トマト（P.16参照）…300g
好みのショートパスタ（フジッリ）
…300g
牛ひき肉…100g
A
- たまねぎ（みじん切り）…100g
- **冷凍にんにく・しょうが**（P.8参照）…5g

赤ワイン…カップ1/4
B
- しょうゆ…大さじ2
- トマトケチャップ・ウスターソース…各大さじ1
- 顆《か》粒《りゅう》チキンスープの素《もと》（中華風）・砂糖…各小さじ1

パセリ（粗みじん切り）…適宜
●オリーブ油・塩・こしょう・バター
◎420kcal　◎塩分3.5g　◎25分

ガスパチョ風トマトスープ

スペインの冷製スープ
ガスパチョ風の真っ赤なスープ。
暑くて食欲が落ちた日でも、
サラッとのどを通る涼やかな一皿です。

材料（2人分）

冷凍トマト（P.16参照）…200g

A［塩・オリーブ油
…各小さじ$\frac{1}{2}$

付け合わせ

［バゲット…適量
にんにく・オリーブ油
…各少々

◎100kcal　◎塩分1.8g
◎5分*

*解凍する時間は除く。

1 冷凍トマトは室温において自然解凍する。
シャリシャリ感が少し残っていてもOK。

2 バゲットは好みの大きさに切る。切り口に付け合わせのにんにくをこすりつけ、オリーブ油をたらす。オーブントースターで1〜2分間こんがりと焼く。

3 1をボウルに入れ、Aを加えて混ぜ、器に盛る。2を添えて、浸しながら食べる。

オクラ

料理の名脇役・オクラを冷凍しておけば、煮物などにサッと放り込むのに最適。うぶ毛は板ずりして、洗い流してから冷凍しましょう。

水でサッとぬらして塩適量をまぶし、板ずりをしてから塩を洗い流す。水けをきってガクをむき、冷凍用保存袋になるべく平らに入れて冷凍する。

保存 冷凍庫で約1か月間

使い方

「オクラの冷製とろろスープ」
「たまねぎとオクラのカレー炒め」
▶ P.20
「鶏のトマトシチュー」▶ P.22

他にも
- 焼きつけて
- 刻んでそうめんの具材に

まずは この1品！

\\トロトロひんやり/

オクラの冷製とろろスープ

材料（2人分）
冷凍オクラ（上記参照）…4本
冷凍長芋（P.42参照）…80g
A［だし（常温もしくは冷たいもの）…70mℓ
　うす口しょうゆ…小さじ2
梅肉（市販／あれば）…少々
◎35kcal　◎塩分1.0g　◎10分

1 冷凍オクラと冷凍長芋はサッと洗って水けをきり、Aに約5分間つけて解凍する。

2 ハンドブレンダーでなめらかになるまでかくはんする。器に盛り、梅肉をのせる。

たまねぎ

料理のたびに皮をむいて
切る手間とはさようなら。
炒め物や煮物に
パパッと使えるので、
冷凍庫にぜひ常備して。

8等分のくし形に切り、手でほぐしながら冷凍用保存袋に入れる。平らに整えて冷凍する。

保存 冷凍庫で約1か月間

使い方

「たまねぎとオクラのカレー炒め」
「鶏のトマトシチュー」
▶ P.22
「豚丼」▶ P.23
「焼きそばナポリタン」
▶ P.62

たまねぎとオクラのカレー炒め

「あと1品」にちょうどいい、
カレー風味のおかずです。
蒸し煮でうまみを引き出したトマトが
全体にポッテリとからんで美味。

1 鍋にオリーブ油大さじ1、冷凍にんにく・しょうがを入れて中火で炒め、香りがたったらAを加えて炒める。カレー粉を加えて全体にからめる。

2 酒大さじ1を回しかけてふたをし、弱めの中火にする。時々混ぜながら蒸し煮にして、野菜がしんなりとしたらBを加えて炒める。

3 全体がよくなじんだら器に盛り、好みで黒こしょうをふる。

材料(2人分)

A
- 冷凍たまねぎ(上記参照)…150g
- 冷凍オクラ(P.19参照)…6〜7本
- ミニトマト(4等分に切る)…5〜6コ分

冷凍にんにく・しょうが(P.8参照)…10g
カレー粉…小さじ½

B
- 削り節…1袋(3g)
- しょうゆ…大さじ1
- 塩…2つまみ
- 黒こしょう(粗びき)…少々

●オリーブ油・酒・黒こしょう(粗びき)

◎120kcal ◎塩分2.3g ◎15分

鶏のトマトシチュー

煮込み時間が短くお手軽なシチュー。オクラの青い風味が爽やかで、栄養満点です。

1 鶏肉は4等分に切り、塩・こしょう各少々をふり、片栗粉を薄くまぶす。

2 フライパンにオリーブ油大さじ1を中火で熱し、鶏肉の皮を下にして並べる。冷凍たまねぎをのせ、ふたをして3分間ほど焼く。

3 鶏肉がこんがりと焼けたら上下を返し、冷凍トマトを加えて（写真）塩小さじ½をふる。ふたをしてトマトが溶けてフツフツとするまで3～4分間煮る。味をみて塩少々で調える。冷凍オクラを加え、ふたをして1～2分間煮る。

材料（2人分）

冷凍トマト（P.16参照）…200g

冷凍たまねぎ（P.20参照）…150g

冷凍オクラ（P.19参照）…6本

鶏もも肉…1枚（300g）

●塩・こしょう・片栗粉・オリーブ油

◎410kcal

◎塩分2.1g　◎15分

Point!

冷凍トマトはつぶしてあるので、トマト缶のようにそのまま投入できる。トマトのうまみで、深い味に。

豚丼

豚肉とたまねぎがともにクッタリ柔らかく、上品に煮上がります。
紅しょうがなどを添えて、牛丼風にするのもまたよし。

1 豚肉は食べやすい大きさに切る。

2 フライパンに豚肉と冷凍たまねぎを入れ、Aを回しかける。ふたをして中火にかけ、時々菜箸で混ぜながら5分間ほど煮る。器に盛ったご飯にのせ、あれば細ねぎと粉とうがらしをふる。

材料（1人分）
冷凍たまねぎ（P.20参照）…200g
豚こま切れ肉…100g
A［みりん…大さじ3
　うす口しょうゆ…大さじ2
ご飯（温かいもの）…茶碗《わん》1杯分
細ねぎ（小口切り）・粉とうがらし…各適宜
◎690kcal　◎塩分5.9g　◎10分

ミックスピーマン

緑のピーマンと
赤や黄色のパプリカは、
ミックス使いで
料理を彩り豊かに。

それぞれ、縦半分に切ってヘタと種を除いて細切りにし、冷凍用保存袋に平らに入れて冷凍する。

保存 冷凍庫で約1か月間

使い方

「肉みそピーマン」
「ミックスピーマンともやしの和風ナムル」▶ P.25
「チキンステーキ ピーマン添え」▶ P.26
「焼きそばナポリタン」▶ P.62
「豚《とん》ピー」▶ P.81

＼ぶっかけご飯にも！／

肉みそピーマン

まずはこの1品！

材料（2人分）
冷凍ミックスピーマン（上記参照）…100g
冷凍にんにく・しょうが（P.8参照）…5g
牛ひき肉…90g
A ┌ みりん…大さじ2
　 └ みそ…大さじ1
すりごま（白）…大さじ1
ご飯（温かいもの）…適宜
●米油
◎230kcal　◎塩分1.1g　◎10分

1 フライパンに米油小さじ2、冷凍にんにく・しょうが、ひき肉を入れて中火で炒める。Aは混ぜ合わせる。

2 ひき肉の色が半分くらい変わったら、冷凍ミックスピーマンを加え、混ぜながら炒める。ひき肉に火が通ったらAを加え、汁けをとばすように炒める。汁けがほとんどなくなってきたら、すりごまを加えてざっと混ぜる。

3 器に盛る。好みでご飯にかけても◎。

もやし

意外に傷むのが早いもやしは、早めに冷凍しましょう。あれば、根を取った太もやしがおすすめ。

袋のまま、または冷凍用保存袋に入れ、平らに整えて冷凍する。

保存 冷凍庫で約1か月間

使い方

「ミックスピーマンともやしの和風ナムル」

他にも
- 野菜炒めに
- ラーメンに
- 焼きそばに

\ すぐでき副菜 /

ミックスピーマンともやしの和風ナムル

まずはこの1品！

材料（つくりやすい分量）
冷凍ミックスピーマン（P.24参照）…70g
冷凍もやし（上記参照）…1袋分（200g）
ちくわ…2本（50g）
A すりごま（白）・ごま油…各大さじ1
A 塩…小さじ½
A 削り節…1袋（3g）
◎280kcal（全量）
◎塩分4.1g（全量）　◎10分

1 ちくわは5㎜厚さに切る。

2 耐熱容器に冷凍ミックスピーマンと冷凍もやしを入れてふんわりとラップをし（写真）、電子レンジ（600W）に5分間かける（途中で一度取り出して菜箸で混ぜる）。水けをきり、温かいうちにAと1を加えて混ぜる。

Point!

ピーマンともやしは一緒にレンチンすると効率的。

チキンステーキ ピーマン添え

パリパリチキンステーキに、
クタッと蒸し焼きにしたピーマンを添えて。
シンプルな味つけだからこそ、
鶏の肉汁のうまみが一層引き立ちます。

材料（1人分）
冷凍ミックスピーマン（P.24参照）
…150g
鶏もも肉…（小）1枚（250g）
●塩・黒こしょう（粗びき）
◎510kcal
◎塩分2.6g　◎20分

1 鶏肉は塩・黒こしょう各少々をふって下味をつける。表面加工のしてあるフライパンに皮側を下にして入れ、おもしをのせて中火にかける。皮がパリッとするまで7～8分間焼いたら、おもしを外して上下を返し、さらに3～4分間焼く。火が通ったら、取り出す。

Point!

あれば、一回り小さいフライパンやボウルなどの、重みがあって底面が広い物をおもしにするとよい。鶏肉が反り返らずにカリッと焼ける。

2 1のフライパンに冷凍ミックスピーマンを入れてふたをし、中火で2～3分間蒸し焼きにする。しんなりとしたら、ふたを外して強火にし、塩小さじ1/4、黒こしょう少々を加えてざっと炒める。1のチキンステーキとともに器に盛る。

Point!

鶏の脂のうまみをピーマンに移しながら蒸し焼きに。ピーマンを蒸し焼きにする間にチキンステーキの肉汁が落ち着き、切り分けやすくなる。

きゅうり

冷凍きゅうりは、
パリパリ食感が
やみつきに！
生のきゅうりより、
サラダや酢の物の
アクセントになります。

切らずにそのまま冷凍用保存袋に入れて冷凍する。使うときは水に1分間ほどつけて半解凍する。

水につけると手早く半解凍でき、切り分けやすくなる。

保存 冷凍庫で約1か月間

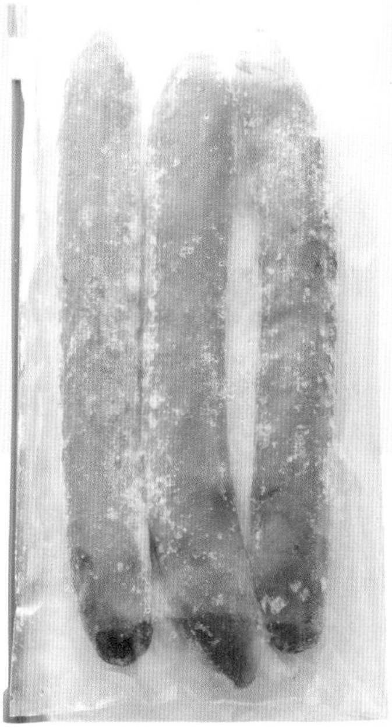

使い方

「パリパリきゅうりのからしマヨ添え」
「長芋ときゅうりのポテサラ」
▶ P.29

他にも
- 酢の物に
- あえ物に

＼心地よい歯ざわり／

パリパリきゅうりのからしマヨ添え

まずは この1品！

材料（2人分）
冷凍きゅうり（上記参照／半解凍する）…1本
ゆで卵*…1コ
からしマヨ
［マヨネーズ…大さじ1
 溶きがらし…小さじ1/4
●塩
◎90kcal　◎塩分0.7g　◎5分
*常温に戻した卵を熱湯で7分間ゆでたもの。

1 冷凍きゅうりは、小口切りにして水けをギュッと絞り、ボウルに入れて塩1つまみを混ぜる。ゆで卵は半分に切る。からしマヨの材料は、混ぜ合わせる。

2 きゅうりとゆで卵を器に盛り、からしマヨをかける。

長芋ときゅうりのポテサラ

さっぱりとしてお酒によく合う大人のポテサラです。
きゅうりの食感が柔らかな長芋とベストマッチ。

1 冷凍きゅうりは5㎜厚さの輪切りにし、そのままおく。青じそは粗みじん切りにし、水にサッとさらして水けをきる。

2 冷凍長芋は耐熱ボウルに入れてふんわりとラップをし、電子レンジ（600W）に2分～2分30秒間かける。水けをきり、マッシャーでつぶす。粗熱を取り、Aを加えて混ぜる。

3 1のきゅうりの水けをギュッと絞り、青じそとともに2に加えてよく混ぜ、器に盛る。

材料（2人分）

冷凍長芋（P.42参照）…100g

冷凍きゅうり（P.28参照／半解凍する）…1本

青じそ…3枚

A［マヨネーズ…大さじ1
　 塩…1つまみ

◎90kcal

◎塩分0.6g　◎10分*

*長芋の粗熱を取る時間は除く。

大根・にんじん

**一緒の出番が多い大根と
にんじんは、
ミックスして冷凍を。
大根6：にんじん1の割合が、
使いやすい目安です。**

大根とにんじんはそれぞれ同じ程度の長さの細切りにし、冷凍用保存袋に入れて混ぜ、平らに整えて冷凍する。

保存 冷凍庫で約1か月間

使い方

「紅白なます」
「大根と豚のわかめスープ」
▶ P.31
「塩ざけのアラのかす汁」▶ P.32
「三色野菜の
エスニックきんぴら」▶ P.35
「具だくさん豚汁」▶ P.50

\ 塩もみいらずで簡単 /

紅白なます

まずはこの1品！

材料（2人分）
冷凍大根・にんじん（上記参照）…200g
甘酢
- 砂糖・米酢…各大さじ1
- 塩…小さじ1/3

白ごま…適宜

◎45kcal　◎塩分1.0g　◎5分*
*解凍する時間は除く。

1 冷凍大根・にんじんは室温で自然解凍する。甘酢の材料はボウルに混ぜ合わせる。

2 解凍した大根・にんじんの水けをギュッと絞り、1のボウルに加えてからめる。器に盛り、好みで白ごまをふる。

保存 冷蔵庫で5日間

大根と豚のわかめスープ

豚肉のうまみがしみ出た、ボリュームたっぷりのおかずにもなるスープです。

1 豚肉は食べやすい大きさに切る。

2 鍋にだしを入れて中火にかけ、沸いたら冷凍大根・にんじんを加える。再び沸いたら豚肉を加えてほぐし、アクを取る。少し火を弱めて2〜3分間煮る。Aを加えて味を調え、火を止める。わかめを加えてざっと混ぜる。

材料（2人分）

冷凍大根・にんじん（P.30参照）…120g

豚こま切れ肉…50g

カットわかめ（乾）*…5g

だし…カップ2

A
- うす口しょうゆ…大さじ1
- 塩…1つまみ

◎90kcal　◎塩分2.8g　◎10分

*塩蔵わかめを使う場合は、水にさらして塩抜きをし、食べやすく切る。スープに加えてから、ひと煮立ちさせるとよい。

塩ざけのアラのかす汁

コクの強い塩ざけの
アラを使った濃厚なかす汁。
ふくよかな酒の香りが、
食欲をそそります。

塩ざけのアラ

ここでは霜降りなどの下処理をせずに使える、塩ざけの中骨の周りの部分を使用。生ざけのアラを使う場合は、アラ200gに対して塩約小さじ1をまぶして冷蔵庫に一晩おき、塩を洗い流してから使う。

1 ボウルに酒かすを入れてたっぷりの熱湯を注ぎ、10〜20分間おく。柔らかくなったら湯を捨て、白みそを加えて泡立て器でよく練り混ぜる。

2 鍋に塩ざけのアラ、冷凍大根・にんじん、油揚げ、だしを入れて中火にかける。沸いたらアクを取って5分間ほど煮る。

3 1に2の煮汁を玉じゃくし2〜3杯分加え、泡立て器でなめらかになるまで混ぜる。2に戻し入れ（写真）、コトコトと5分間煮る。味をみて足りなければ塩1つまみで調え、火を止める。器に盛り、青ねぎをのせ、七味とうがらしをふる。

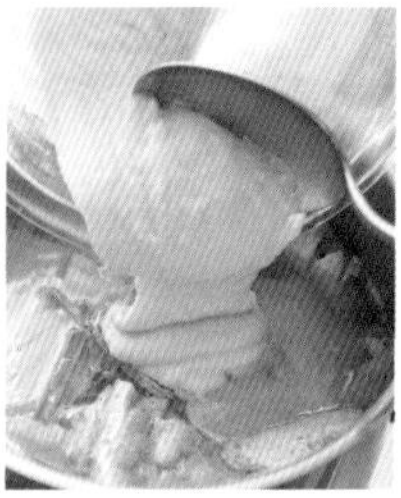

Point!
酒かすは煮汁で溶いてから加えると、ダマにならない。

材料（4人分）
冷凍大根・にんじん（P.30参照）…150g
塩ざけのアラ（上記参照）…200g
酒かす（板かす）…100g
白みそ（甘）…60g
油揚げ（短冊形に切る）…40g
だし…カップ3
青ねぎ（小口切り）…適量
七味とうがらし…少々
●塩

◎200kcal　◎塩分1.7g　◎15分*
*酒かすを熱湯に浸しておく時間は除く。

“かす汁は和のシチュー。
まったりとした飲み口を
楽しんでください”

さやいんげん

濃い緑色の新鮮なさやいんげんは、冷凍しておいしさキープ。凍ったまま鍋に投入して使えます。

ヘタを切り落とし、4㎝長さに切る。冷凍用保存袋に入れ、平らに整えて冷凍する。

保存 冷凍庫で約1か月間

使い方

「牛肉といんげんの甘辛煮」
「三色野菜の
エスニックきんぴら」▶ P.35
「厚揚げと鶏といんげんの煮物」
▶ P.36

他にも
- バター炒めに
- 付け合わせに

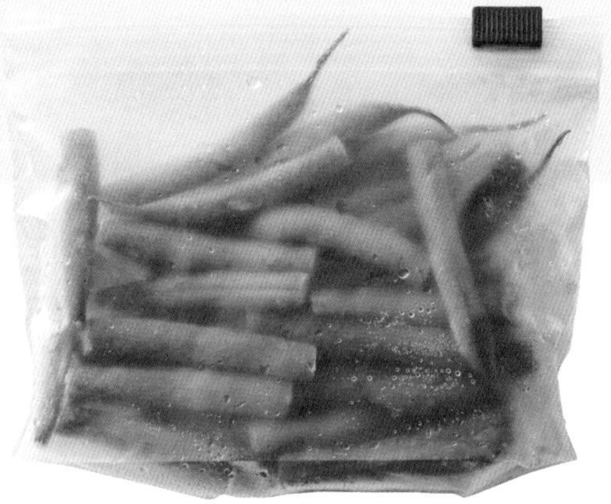

＼すき焼き風の甘辛味／

牛肉といんげんの甘辛煮

まずはこの1品！

材料（2人分）
冷凍さやいんげん（上記参照）…80g
牛こま切れ肉…100g
A［砂糖・しょうゆ…各大さじ1
粉ざんしょう…適宜
◎170kcal　◎塩分1.4g　◎15分

1 フライパンに牛肉、冷凍さやいんげんを入れ、Aをふる。

2 ふたをして中火にかける。時々菜箸で混ぜ、牛肉に火が通ってきたらふたを外し、少し火を強める。1～2分間煮て汁けを軽くとばし、火を止める。器に盛り、好みで粉ざんしょうをふる。

三色野菜のエスニックきんぴら

材料を切るのに時間がかかるきんぴらも、冷凍野菜ならすぐに調理へ。
レモンとナムプラーの風味で後味爽やかです。

1 牛肉は大きければ食べやすく切る。

2 フライパンにごま油大さじ1を入れて中火にかけ、冷凍にんにく・しょうがを入れて炒める。チリチリッとしてきたら、牛肉を加えて炒め、塩小さじ$\frac{1}{4}$、こしょう少々をふる。牛肉に火が通ったらAを加えて炒め、しんなりとしてきたらナムプラーを加えて味を調え、火を止める。

3 レモン汁を加えて混ぜ、器に盛る。あれば粉とうがらしをふる。

材料(2人分)

A
- **冷凍大根・にんじん**(P.30参照)…150g
- **冷凍さやいんげん**(P.34参照)…20g

牛こま切れ肉…50g
冷凍にんにく・しょうが(P.8参照)…10g
ナムプラー(またはうす口しょうゆ)・レモン汁…各小さじ1
粉とうがらし…適宜
●ごま油・塩・こしょう
◎150kcal　◎塩分1.5g　◎10分

厚揚げと鶏といんげんの煮物

すぐに使える厚揚げ、冷凍いんげん、
冷凍鶏の焼きおきでパッと手軽につくれます。
鶏肉と厚揚げの油分が、
煮物全体にしっとりとからんだ仕上がりに。

材料（2人分）

A
- だし…カップ½
- うす口しょうゆ…大さじ1
- 砂糖…大さじ½

B
- **冷凍鶏の焼きおき**（P.78参照）…150g
- **冷凍さやいんげん**（P.34参照）…80g

厚揚げ…1〜2枚（200g）
溶きがらし…適宜
◎350kcal　◎塩分2.0g　◎10分

1 厚揚げは食べやすい大きさに切る。

2 フライパンにAを入れて中火にかける。沸いたらBと厚揚げを加え、ふたをして鶏肉が温まるまで4〜5分間煮る。

3 煮汁ごと器に盛り、好みで溶きがらしを添える。

きのこ

きのこは冷凍するとうまみがアップし、よりおいしく食べられます。えのきだけ、しめじ、生しいたけなど好みのきのこをミックスして1袋に。

根元の堅い部分を切り落としてほぐしたり、食べやすく切ったりする。冷凍用保存袋に入れ、平らに整えて冷凍する。

保存 冷凍庫で約1か月間

使い方

「きのこと鶏とねぎの鍋仕立て」
「きのこのオイルパスタ」▶ P.40
「きのこのポタージュ」▶ P.41
「具だくさん豚汁」▶ P.50

他にも ■炒め物に

きのこと鶏とねぎの鍋仕立て

だしをたっぷり吸ったきのことねぎが絶品の、体の芯から温まる鍋。
季節のかんきつを搾って、さっぱりといただきます。

Point!

ミックスしてあるので数種類のきのこを一度に使える。

1 青ねぎは斜め切りにする。柚子は半分に切って種を取る。鶏肉は一口大に切る。

2 土鍋（または鍋）にAと鶏肉を入れて中火にかける。沸いたらアクを取り、冷凍きのこを加える（写真）。きのこがほどけてきたら青ねぎを加え、きのこが温まるまで煮る。

3 煮汁ごと器に取り分け、柚子を搾って食べる。

材料（2人分）
冷凍きのこ（上記参照）…160g
鶏もも肉…1枚（300g）
青ねぎ…1〜2本（100g）
A ［だし…カップ2
　 うす口しょうゆ…大さじ2
柚《ゆ》子《ず》*…1コ
◎340kcal
◎塩分3.4g　◎15分

*好みのかんきつでもよい。

きのこのオイルパスタ

サッとつくれてお昼ごはんにピッタリの、ペペロンチーノ風パスタです。
辛みオイルにきのこの風味が加わり、やさしい味になります。

1 水菜は4㎝長さに切る。 ベーコンは1㎝幅に切る。

2 フライパンにオリーブ油大さじ1、冷凍にんにく・しょうがを入れて中火で炒める。 香りがたったらベーコンを加えてサッと炒め、冷凍きのこ、白ワインを加え、炒めてアルコールをとばす。 赤とうがらしを加えてさらに炒める。

3 鍋に水1ℓ、塩10gを入れて沸かし、スパゲッティを袋の表示どおりにゆでる。

4 2に3のゆで汁大さじ2～3を加えてからめる。 湯をきったスパゲッティと昆布茶を加えて味を調える。 水菜を加えてざっと混ぜ、すぐに火を止める。

材料（1人分）
冷凍きのこ（P.38参照）…150g
冷凍にんにく・しょうが（P.8参照）…5g
スパゲッティ…100g
ベーコン（薄切り）…1枚
水菜…1株
白ワイン…大さじ2
赤とうがらし（ヘタと種を除く）…1本
昆布茶…小さじ½
●オリーブ油・塩
◎590kcal　◎塩分3.2g　◎15分

きのこのポタージュ

サラッと軽やかな口当たりの、やさしいミルクスープです。
数種類のきのこのうまみが溶け合い、奥深い味わいに。

1 鍋にAを入れてひと混ぜし、中火にかける。沸いたら冷凍きのこを加え、ふたをして2分間ほど煮て火を止める。

2 ハンドブレンダーでなめらかになるまでかくはんし、牛乳を少しずつ加えて混ぜる（写真）。弱めの中火で温め、Bで味を調える。冷凍きのこ少々（分量外）を一緒に温めても◎。

Point!

少しずつ牛乳を加えてのばし、好みの濃さになるように牛乳の量を加減する。

材料（2人分）

冷凍きのこ（P.38参照）…160g

A
- 水…カップ½
- 顆《か》粒《りゅう》チキンスープの素《もと》（中華風）…小さじ1

牛乳…80〜100㎖

B
- 塩…1つまみ
- 黒こしょう（粗びき）…少々

◎50kcal　◎塩分1.3g　◎15分

長芋

半端に余った長芋は、輪切りにして冷凍庫へ。味は変わりませんが色のくすみが気になる場合は加熱して使ってください。

1cm厚さの輪切りにする。冷凍用保存袋に入れ、平らに整えて冷凍する。

保存	冷凍庫で約1か月間。 加熱せずに使うときは、 風味が落ちないうちに使う

使い方

「長芋のそぼろ煮」
「オクラの冷製とろろスープ」▶ P.19
「長芋ときゅうりのポテサラ」▶ P.29
「長芋のから揚げ」▶ P.43
「ぶりとろろ丼」▶ P.44
「長芋の白みそ豆乳スープ」▶ P.45
「具だくさん豚汁」▶ P.50

自然なとろみで
＼ゆるっとまとまる／

長芋のそぼろ煮

まずはこの1品！

材料（2人分）

冷凍長芋（上記参照）…200g

A
- 鶏ひき肉（もも）…100g
- **冷凍にんにく・しょうが**（P.8参照）…5g
- 酒…大さじ1

B
- だし…カップ1
- うす口しょうゆ…大さじ1

青ねぎ（小口切り）…少々

◎160kcal　◎塩分1.6g　◎15分

1 フライパンにAを入れてへらで練り混ぜ、Bを加えて中火にかける。沸いたらアクを取り、冷凍長芋を加える。ふたをして7〜8分間煮る。

2 器に盛り、青ねぎをあしらう。

長芋のから揚げ

潔く長芋だけのから揚げですが、これがうまい！
衣づけの工夫で、外はカリッ、中はモチッが簡単につくれます。

Point!

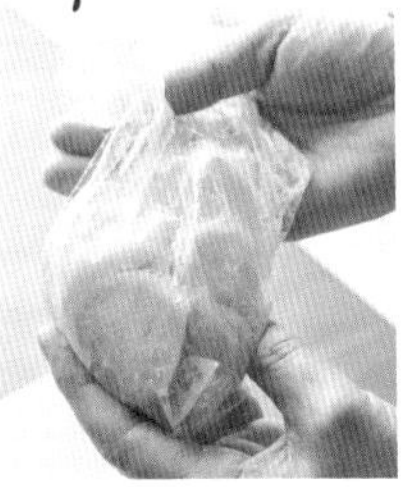

長芋の表面に片栗粉をからめると、中がモッチリと揚がり、下味もよくからむ。

1 ポリ袋にAを入れ、時々袋の上から軽くもんで調味料が全体に行き渡るようにしながら完全に解凍する。汁けを捨て、袋に片栗粉大さじ1を加えて全体にからめる（写真）。

2 バットに出し片栗粉大さじ2〜3をまぶす。

3 揚げ油を中火で170℃に熱し、2を入れて揚げる。表面が固まってきたら菜箸で上下を返し、火が通るまで2分間ほどカリッと揚げる。器に盛り、好みで青柚子の皮をふる。

材料（2人分）

A
- **冷凍長芋**（P.42参照）…120g
- **冷凍にんにく・しょうが**（P.8参照）…少々
- うす口しょうゆ…小さじ2

青柚子《ゆず》の皮（すりおろす）…適宜
●片栗粉・揚げ油
◎150kcal
◎塩分1.0g　◎10分*
*解凍する時間は除く。

ぶりとろろ丼

手間いらずの“たたきとろろ”を
ぶりのづけと合わせて丼に。
お好みのトッピングで風味をつけ、
ふんわりした口当たりを楽しんで。

材料（2人分）
冷凍長芋（P.42参照）…150g
ご飯（温かいもの）
　…茶碗《わん》2杯分（250g）
すし酢
　米酢…大さじ2
　砂糖…大さじ1½
　塩…小さじ½
ぶり（刺身用／さく）…120g
A しょうゆ・砂糖…各大さじ½
白ごま…小さじ1
練りわさび・練り梅（市販）・
　焼きのり…各適宜
●うす口しょうゆ
◎440kcal
◎塩分2.7g　◎10分*
*粗熱を取る時間、ぶりをおく時間は除く。

1 すし酢の材料は混ぜ合わせる。ご飯にすし酢をかけてしゃもじで切るように混ぜ、粗熱を取る。

2 冷凍長芋は保存袋に入れ、袋ごと水に2〜3分間つけて少し解凍する。袋の上から塊がなくなるまで麺棒でたたく（写真）。うす口しょうゆ小さじ1を袋に加えて混ぜる。

3 ぶりは7㎜厚さに切る。ボウルにAを混ぜ、ぶりを加えてからめる。冷蔵庫に5〜10分間おく。

4 1のすし飯に3と白ごまを加えて混ぜる。器に盛り、2をかける。好みでわさび、練り梅をあしらい、焼きのりを添える。

Point!

冷凍長芋を袋に入れてたたくと、周りに飛び散らない。すりおろす手間なく「とろろ」がつくれる。

長芋の白みそ豆乳スープ

ハンドブレンダーいらずで簡単につくれるヘルシースープ。

Point!

豆乳は煮立たせると分離してしまうので、火にかける前に白みそを溶いておくとよい。

1 冷凍長芋は「長芋ときゅうりのポテサラ」（P.29参照）の2と同様につぶす。鍋に白みそを入れ、豆乳を少しずつ加えて泡立て器で溶く（写真）。

2 1の長芋を加え、弱めの中火にかける。沸騰する直前で火を止め、味をみて塩少々で調える。器に盛り、レモンの皮と黒こしょう少々をふる。

材料（2人分）

冷凍長芋（P.42参照）…80〜100g
白みそ…大さじ1
無調整豆乳…カップ1
レモンの皮（国産／すりおろす）…少々
●塩・黒こしょう（粗びき）

◎90kcal　◎塩分0.8g　◎10分

ごぼう

凍ったまま使っても
味のしみ込みが早いのが特徴。
ささがきよりも
斜めに切るほうが、食感を
生かして保存できます。

よく洗って皮ごと斜めに3㎜厚さくらいに切る。冷凍用保存袋に入れ、平らに整えて冷凍する。

保存 冷凍庫で約1か月間

使い方

「さば缶ごぼう」
「柳川風牛ごぼう」▶ P.47
「具だくさん豚汁」▶ P.50
「鶏ごぼうのみそ煮」▶ P.79

他にも
- きんぴらごぼうに
- 煮物に

＼お弁当や常備菜に◎／

さば缶ごぼう

材料（つくりやすい分量）
冷凍ごぼう（上記参照）…120g
さばのしょうゆ煮（缶詰）…1缶（190g）
だし…カップ½
A［しょうゆ…大さじ1
　砂糖…大さじ½
紅しょうが（5㎜角に切る）…適宜
●米油
◎580kcal（全量）
◎塩分5.2g（全量）　◎15分

まずは
この1品！

1 フライパンに米油小さじ2を中火で熱し、冷凍ごぼうを入れて炒める。油がからんだら、だしを加えてふたをし、5分間煮る。

2 汁けが少なくなってきたら、ふたを外してさばのしょうゆ煮を缶汁ごと加え、Aを加える。へらでさばをほぐしながら煮詰め、汁けがほぼなくなったら火を止める。

3 器に盛り、あれば紅しょうがを散らす。

保存 冷蔵庫で5日間

柳川風牛ごぼう

冷凍ごぼうと牛こまで柳川をお手軽に。
牛肉のうまみをごぼうに含ませるように煮て。

1 牛肉は食べやすい大きさに切る。

2 小さめのフライパン（またはスキレット／写真は柳川用の浅い土鍋）にAと冷凍ごぼうを入れてふたをし、中火にかける。沸いてきたら弱めの中火にし、菜箸で時々混ぜながら煮る。ごぼうがしんなりとしたら、ふたを外して牛肉を加える。

3 牛肉に火が通ったら、溶き卵を回し入れてふたをし、火を止める。卵が半熟状になったらふたを外す。あればせりをのせ、好みで粉ざんしょうをふる。

材料（2人分）

冷凍ごぼう（P.46参照）…80g

牛こま切れ肉…50g

A
- だし…カップ½
- しょうゆ…大さじ1
- 砂糖…大さじ½

溶き卵…2コ分

せり（1cm長さに切る）・
粉ざんしょう…各適宜

◎180kcal　◎塩分1.6g　◎15分

れんこん

れんこんは冷凍すると
味がしみやすくなります。
れんこんの太さによって、
均等な大きさになるように
切る形を調節してください。

5㎜厚さの輪切りもしくは半月形に切る。冷凍用保存袋に入れ、平らに整えて冷凍する。

保存 冷凍庫で約1か月間

使い方

「豚バラとれんこんの塩煮」
「れんこんのはさみ焼き 甘酢あんかけ」
▶ P.49
「具だくさん豚汁」▶ P.50

他にも
- きんぴられんこんに
- 煮物に

\ バラ肉のコクで力強い味に！/

豚バラとれんこんの塩煮

まずはこの1品！

材料（2人分）
冷凍れんこん（上記参照）…200g
豚バラ肉（塊）…100g
だし…カップ1
青ねぎ（小口切り）…少々
溶きがらし…適宜
●塩
◎250kcal　◎塩分1.7g　◎15分

1 豚肉は一口大に切る。

2 鍋にだしと豚肉を入れて中火にかける。沸いたらアクを取り、冷凍れんこんを加えてふたをし、10分間煮る。塩小さじ$1/2$で味を調えて火を止める。

3 煮汁ごと器に盛り、青ねぎをあしらい、好みで溶きがらしを添える。

れんこんのはさみ焼き 甘酢あんかけ

つまんで楽しめるオードブル風の一皿をどうぞ。
つくねに練り込んだ隠し味のごま油が、いい仕事をします。

1 冷凍れんこんは水に5分間つけて解凍し、水けを軽くきる。

2 ボウルにAを入れて練り混ぜる。れんこんの片面に小麦粉を薄くつけ、小麦粉をつけた面を内側にして、2切れでAの$\frac{1}{6}$量をはさむ。残りも同様につくる。

3 フライパンにごま油小さじ2をひき、2を並べてふたをする。弱めの中火で7～8分間焼く。ふたを外し、上下を返して2～3分間焼く。両面がこんがりと焼けて火が通ったら取り出す。

4 フライパンをサッと拭き、Bを入れてへらでよく混ぜ、片栗粉を溶かす。中火にかけ、絶えず混ぜながらとろみをつけて火を止める。器に、あれば青じそを敷き、3をのせる。あんをトロッとかけ、好みで粉とうがらしをふる。

材料（6コ分）

冷凍れんこん（P.48参照）…12切れ

A
- 鶏ひき肉（もも）…100g
- たまねぎ（みじん切り）…20g
- 塩…1つまみ
- 片栗粉・ごま油…各小さじ1

B
- 砂糖・米酢・うす口しょうゆ …各大さじ1
- 片栗粉…小さじ$\frac{1}{2}$

青じそ・粉とうがらし…各適宜

●小麦粉・ごま油

◎80kcal（1コ分）

◎塩分0.7g（1コ分）　◎20分*

*解凍する時間は除く。

具だくさん豚汁

少しずつ余った冷凍野菜は、みそ汁の具にしておいしく使いきりましょう。
豚肉と根菜を炒めてから煮ると、うまみとコクがグッと深まります。

Point!

根菜はごま油で炒めてコクを出す。野菜が完全に解凍されていなくても、油が回ったら煮てOK。

1 豚肉は4cm長さに切る。

2 鍋にごま油大さじ$\frac{1}{2}$を中火で熱し、豚肉をサッと炒める。Aを加えて炒める（写真）。油が全体に回ったら、だしを加える。

3 沸いたらアクを取り、Bを加えて5分間ほど煮る。みそこしでみそ40gを溶き加え、火を止める。器に盛り、青ねぎをのせ、好みで粉ざんしょうをふる。

材料（2〜3人分）

A
- **冷凍れんこん**（P.48参照）…80g
- **冷凍ごぼう**（P.46参照）…30g
- **冷凍大根・にんじん**（P.30参照）…30g

B
- **冷凍長芋**（P.42参照）…80g
- **冷凍きのこ**（P.38参照）…80g

豚バラ肉（薄切り）…60g
だし…カップ$2\frac{1}{2}$
青ねぎ（小口切り）…少々
粉ざんしょう…適宜
●ごま油・みそ

◎170kcal　◎塩分1.9g　◎10分

かぶ

冷凍すると短い煮込み時間で柔らかく、中まで味がしみ込むようになります。

1.5㎝幅のくし形に切る。冷凍用保存袋に入れ、平らに整えて冷凍する。

保存 冷凍庫で約1か月間

使い方

「かぶのすり流し」
「かぶとさわらのとろみ煮」▶ P.52
「かぶと落とし卵のみそ汁」
▶ P.53
「白菜とかぶのミルクシチュー」
▶ P.56

\白い和のスープ/
かぶのすり流し

まずはこの1品！

材料（2人分）
冷凍かぶ（上記参照）…200g
A［ だし…カップ1
　 うす口しょうゆ…小さじ2
かぶの葉の塩もみ*…適宜
◎25kcal　◎塩分1.1g　◎10分
*かぶの葉適量を小口切りにし、塩少々で軽くもんだもの。

1 鍋にAを入れて中火にかける。沸いたら冷凍かぶを加えてふたをし、5分間煮る。

2 かぶが柔らかく煮えたら火を止め、ハンドブレンダーでなめらかになるまでかくはんする。器に盛り、あれば、かぶの葉の塩もみをあしらう。

かぶとさわらのとろみ煮

京料理らしい、かぶとさわらの
上品な炊き合わせ。
シニアにも食べやすい
ふんわりした口当たりです。

材料（2人分）
冷凍かぶ（P.51参照）…200g
さわら（切り身）…2切れ（180g）
A［だし…カップ1
　 うす口しょうゆ…大さじ1
すだち（半分に切って種を取る）*
　…1コ分
●塩・片栗粉
◎180kcal
◎塩分2.1g　◎15分**
*好みのかんきつでもよい。
**さわらに塩をしておく時間は除く。

1 さわらは塩小さじ1/4をふり、冷蔵庫に10分間おく。水けを拭き、半分に切る。片栗粉小さじ2をまぶす。

2 鍋にAを入れて中火にかける。沸いたら冷凍かぶを加えてふたをし、5分間煮る。さわらを加え（写真）、ふたをして3分間煮る。火を止めて、そのまま1分間おく。

3 器に煮汁ごと盛り、すだちを添える。

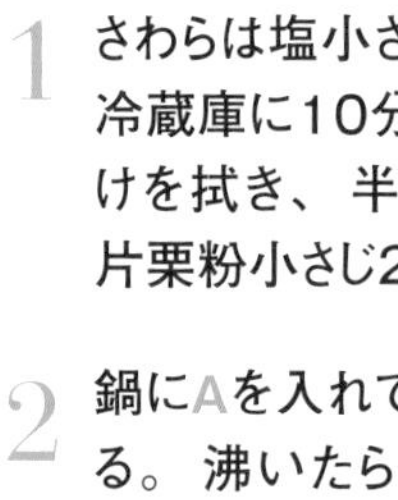

Point!
魚は片栗粉をまぶして煮るとパサつかず、煮汁にとろみがつく。

かぶと落とし卵のみそ汁

柔らかなかぶとシャキシャキした青ねぎの
食感が楽しいおみそ汁です。
卵をトロッとくずして召し上がれ。

材料（2人分）
冷凍かぶ（P.51参照）…150g
だし…カップ2
卵（常温に戻す）…2コ
青ねぎ（斜め切り）…適量
●みそ
◎130kcal
◎塩分2.9g　◎10分

1 鍋にだしを入れて中火にかける。沸いたら、冷凍かぶを加えてふたをし、5分間煮る。

2 みそこしでみそ40gを溶き加える。卵を割り落とし、青ねぎを加えてひと煮立ちさせる。もう一度ふたをして火を止め、そのまま3分間おく。
卵は余熱で火を通し、白身も黄身も柔らかく仕上げる。

ブロッコリー

ブロッコリーは栄養豊富で、もっと気軽に食べてほしい野菜の一つ。小房に分けて冷凍すれば使いやすく、出番も増えるはずです。

小房に分ける。冷凍用保存袋に入れ、平らに整えて冷凍する。

保存 冷凍庫で約1か月間

使い方

「ブロッコリーのにんにくオイル蒸し」
「白菜とかぶのミルクシチュー」
▶ P.56

他にも
- 炒め物に
- 煮物に

＼付け合わせに便利！／

ブロッコリーのにんにくオイル蒸し

材料（2人分）
冷凍ブロッコリー（上記参照）…150g
冷凍にんにく・しょうが（P.8参照）…10g
A［塩…小さじ1/2
　 赤とうがらし（小口切り）…少々
卵…2コ
B［牛乳…小さじ1
　 塩…1つまみ
●オリーブ油
◎270kcal　◎塩分2.2g　◎15分

まずはこの1品！

1 鍋に冷凍ブロッコリーと冷凍にんにく・しょうがを入れ、オリーブ油大さじ2を回しかける。ふたをし、弱めの中火で7～8分間蒸し煮にする。時々菜箸で混ぜ、野菜が柔らかくなったらAを加えてざっと混ぜ、火を止める。

2 ボウルに卵を割り入れ、卵白を切るように混ぜる。Bを加えて、さらによく混ぜる。

3 フライパンにオリーブ油小さじ2を中火で熱し、2の卵液を一気に流し入れる。菜箸でざっと混ぜてすぐに火を止める。器に盛り、1を添える。

白菜

大型の葉野菜も、凍らせるとカサが減ってたくさん食べやすい。すぐにクッタリ煮えるので、煮物やスープに重宝します。

葉と軸に分け、それぞれ3㎝幅のザク切りにする。冷凍用保存袋に入れ、平らに整えて冷凍する。

保存　冷凍庫で約1か月間

使い方

「白菜と豚バラのくたくた煮」
「白菜とかぶのミルクシチュー」
▶ P.56

他にも
- 鍋物に
- みそ汁に
- ごまあえに

＼冷凍白菜でスピード煮物／

白菜と豚バラのくたくた煮

まずは　この1品！

材料（2人分）
冷凍白菜（上記参照）…200g
豚バラ肉（薄切り）…3枚（60g）
A［だし…カップ1
　 うす口しょうゆ…大さじ2
しょうが（すりおろす）…少々
柚子《ゆず》の皮（せん切り）…適宜
◎140kcal　◎塩分3.0g　◎10分

1 豚肉は10㎝長さに切る。

2 鍋にAを入れて中火にかける。沸いたら豚肉を入れ、菜箸で混ぜながら火を通す。冷凍白菜を加えてふたをし、5分間煮る。

3 器に盛り、しょうがと、あれば柚子の皮をあしらう。

白菜とかぶのミルクシチュー

冷凍野菜ならミルクシチューが短時間で完成！
やさしいとろみで、ご飯にもパンにもよく合います。
鶏肉のかわりに、さけやたいの切り身を使っても
魚介のうまみが出て美味。

1 厚手の鍋にAを入れて中火にかける。沸いたら冷凍白菜と冷凍かぶを加え（写真）、ふたをして5分間ほど煮る。

2 鶏肉は一口大に切る。塩小さじ$\frac{1}{4}$、こしょう少々をふってもみ込み、片栗粉大さじ1をまぶす。

3 フライパンにオリーブ油大さじ1を中火で熱し、鶏肉を皮側を下にして入れ、両面に焼き色をつけながら4分間ほど焼く。
野菜を煮ている間に鶏肉を焼くと、タイミングよく仕上がる。

4 1の鍋に牛乳と3を加える。再び沸いたら冷凍ブロッコリーと塩小さじ$\frac{1}{4}$を加え、ふたをして2分間ほど煮る。アクを取り、火を止める。器に盛り、好みで黒こしょうをふる。

Point!
白菜とかぶは蒸し煮にする。あとから牛乳を加えるので、水は少なめでよい。

材料（2人分）
冷凍白菜（P.55参照）…200g
冷凍かぶ（P.51参照）…150g
冷凍ブロッコリー（P.54参照）…50g
鶏もも肉…1枚（300g）
A［水…カップ1
顆粒《かりゅう》チキンスープの素《もと》（中華風）
…小さじ2］
牛乳…カップ$\frac{3}{4}$
●塩・こしょう・片栗粉・オリーブ油・黒こしょう（粗びき）

◎450kcal　◎塩分3.3g　◎15分

（冷凍フルーツ便利帖）

かんきつ＆レモン編

旬のフルーツのフレッシュな味と香りを長く楽しむ冷凍保存のコツをご紹介します。

1 果汁の冷凍

かんきつはそのまま置いておくよりも、果汁を搾って冷凍したほうがフレッシュなまま長く楽しめます。料理の風味づけに、凍ったままでも、温めても。

つくり方

好みのかんきつの果汁を製氷皿や小分けの保存容器に入れて冷凍する。

保存 冷凍庫で3週間

凍ったままおろししょうが、はちみつと一緒に器に入れ、湯を注げばホットドリンクに

2 冷凍レモン

皮も食べられる国産レモンは出回る季節が限られます。冷凍して、なるべく長く楽しんでください。

つくり方

レモン（国産）はよく洗って皮ごと薄い輪切りにし、バットに少しずつずらして並べ、冷凍する。固まったら冷凍用保存袋に移す。

保存 冷凍庫で3週間

自家製レモンチューハイもお手の物♪

3 塩レモン

まろやかな酸味と塩けで、梅干しのように料理に添えたり、調味料にしたり。柚《ゆ》子《す》でつくってもおいしいですよ。

つくり方

レモン（国産）はよく洗い、皮ごといちょう形に切る。レモンの重さの10％の塩を混ぜて清潔な保存容器に入れ、常温で2〜3日間トロッとするまでおく。冷凍用保存袋に入れて冷凍する。

保存 冷凍庫で1年間

解凍して焼き魚に添えて

第2章

肉と魚の漬けおき冷凍

たれに漬けて冷凍することで、肉はふっくら、魚はしっとり。
中まで味がしみ込んで、そのまま生で調理するよりも、よりおいしく仕上がります。
いつものおかずから少し目先を変えたエスニック風味や、
酒のお供にピッタリなコクみそ味も、
漬けおき冷凍なら失敗知らずで味が決まります。
切り身魚をおいしく冷凍、調理するためのテクニックも必見ですよ。

鶏むねの甘酒漬け

甘酒に漬け込んで鶏むね肉をしっとりと。冷蔵庫でなじませてから冷凍すると、中まで均等な柔らかさになります。

材料（つくりやすい分量）

鶏むね肉…1枚（300g）

A
- 甘酒（米こうじでつくられたもの／ストレートタイプ）…大さじ2
- 塩…小さじ1/4

◎360kcal（全量）

◎塩分1.9g（全量）　◎5分*

*冷蔵庫におく時間は除く。

1 鶏肉は皮があれば除き、1㎝幅のそぎ切りにする。

2 ボウルに鶏肉、Aを入れ、もんでなじませる。冷蔵庫に3時間以上おく。冷凍用保存袋に入れ、平らに整えて冷凍する。

保存　冷凍庫で約3週間

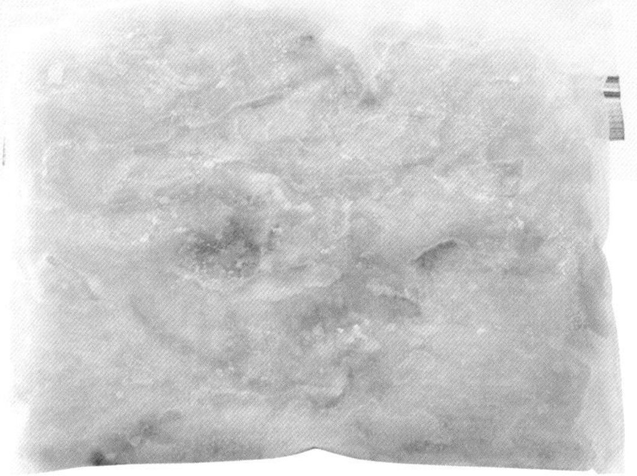

蒸し焼き

ほのかな甘酒の香りと、梅ソースの酸味がよく合います。

1 表面加工のしてあるフライパンに冷凍鶏むねの甘酒漬けを入れ、ふたをして弱火で7～8分間、時々ほぐしたり上下を返したりしながら焼き、全体に火を通す。

2 器に、あれば葉野菜を敷き、1を盛る。青じそ、混ぜ合わせた梅ソースを添える。

材料（2人分）

冷凍鶏むねの甘酒漬け（上記参照）…300g

梅ソース
- 練り梅（市販）・水…各大さじ1
- 砂糖…小さじ1/2

好みの葉野菜*…適宜

青じそ（せん切り）…少々

◎200kcal　◎塩分1.6g

◎10分

*ここではグリーンリーフを使用。

冷蔵庫で自然解凍した場合は、中火でふたをして2分間、上下を返して1分間焼く。

“甘酒効果で、しっかり焼いても
お肉は柔らかに仕上がります”

豚こまのケチャップ漬け

炒めれば洋食屋さん風のおかずになり、
麺と合わせればナポリタンに。
ケチャップ味が濃すぎない、
程よいバランスの味つけがポイント。

材料（2袋分）
豚こま切れ肉…300g
A
- トマトケチャップ…大さじ3
- 砂糖・ウスターソース…各大さじ½
- 塩…小さじ¼
- こしょう…少々

◎440kcal（1袋分）
◎塩分2.1g（1袋分）　◎5分

1 豚肉は大きければ食べやすく切る。

2 ボウルに豚肉、Aを入れ、もんでなじませる。冷凍用保存袋に半量ずつ入れ、平らに整えて冷凍する。

保存 冷凍庫で約3週間

焼きそばナポリタン

モチッとした中華麺はナポリタン向き。具材も冷凍野菜で、サクッと仕上げましょう。

材料（2人分）
冷凍豚こまのケチャップ漬け（上記参照）
…1袋（約150g）
冷凍たまねぎ（P.20参照）…100g
冷凍ミックスピーマン（P.24参照）…50g
中華麺（蒸し／焼きそば用）…2玉
●トマトケチャップ・塩・
バター・黒こしょう（粗びき）
◎540kcal　◎塩分2.6g　◎10分

1 中華麺の袋に切り込みを入れて耐熱皿にのせ、電子レンジ（600W）に2分間かける。

2 表面加工のしてあるフライパンに冷凍豚こまのケチャップ漬けと冷凍たまねぎを入れ、ふたをして弱火にかける。ほぐしながら5～6分間蒸し焼きにする。豚肉に火が通ってたまねぎがしんなりとしたら、ふたを取ってトマトケチャップ大さじ4と1の中華麺を加えてからめる。冷凍ミックスピーマンを加え、混ぜながら2分間炒める。味をみて足りなければ塩1つまみで調え、バター5gを加えて全体にからめる。器に盛り、黒こしょう少々をふる。

冷蔵庫で自然解凍した場合は、中火で時々混ぜながら2～3分間蒸し焼きにする。

アメリカの家庭で親しまれている
オードブルをイメージしました。
ヨーグルトソースにディップして！”

鶏手羽中のレモンケチャップ漬け

冷凍漬け込みで、骨付き肉の活用の幅が広がります。ケチャップとにんにくのパンチをレモンの風味で爽やかにやわらげて。

材料（つくりやすい分量）
鶏手羽中…400g
A
- トマトケチャップ…大さじ1
- レモン汁…小さじ2
- 砂糖・しょうゆ…各小さじ1
- にんにく（すりおろす）・塩…各小さじ1/4
- こしょう…少々

●小麦粉
◎620kcal（全量）
◎塩分3.4g（全量）　◎5分

1 ボウルに鶏手羽中、Aを入れ、もみ込んでなじませる。小麦粉大さじ2を加えてよく混ぜる。冷凍用保存袋に入れ、平らに整えて冷凍する。

保存 冷凍庫で約3週間

お手軽バッファローウィング

とっさのおもてなしにも、あるとうれしい一品。

1 フライパンに米油大さじ2を入れ、冷凍鶏手羽中のレモンケチャップ漬けを並べ、ふたをして焦げないように弱火で8分間焼く。ふたを取り、上下を返して中火にし、3分間ほどカリッと焼いて火を通す。

2 好みの付け合わせとともに器に盛り、混ぜ合わせたヨーグルトソースを添える。好みでヨーグルトソースにクミンシードをふる。

材料（2〜3人分）
冷凍鶏手羽中のレモンケチャップ漬け（上記参照）…400g
ヨーグルトソース
- プレーンヨーグルト（無糖）…60g
- 塩…1つまみ
- にんにく（すりおろす）…少々

付け合わせ
- トマト（半月形に切る）・水菜…各適宜

クミンシード…適宜
●米油
◎300kcal　◎塩分1.5g　◎15分

冷蔵庫で自然解凍した場合は、弱火で5分間焼いて上下を返す。

キウイプルコギ

キウイに含まれる酵素の力で肉が柔らかくなります。プルコギにほのかな甘酸っぱさが加わり、食べやすい味わいに！

材料（つくりやすい分量）
牛こま切れ肉…150g
キウイ…1/2コ（正味約50g）
A
- 砂糖・しょうゆ…各大さじ1
- ごま油・すりごま（白）…各大さじ1/2
- にんにく（すりおろす）…1/2かけ分
- 粉とうがらし…小さじ1/4

◎590kcal（全量）
◎塩分2.8g（全量）　◎5分

1 冷凍用保存袋に皮をむいたキウイを入れ、手でもんでつぶす（写真）。Aを加えて軽くもみ、牛肉を加えてなじませる。袋を平らに整えて冷凍する。

Point!

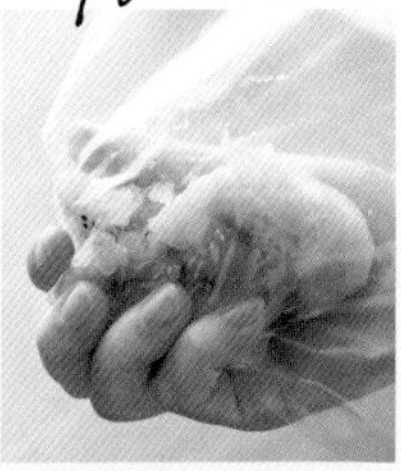

キウイは完熟のもののほうが肉になじみ、トロトロに柔らかくなる。

保存　冷凍庫で約3週間

プルコギ丼

プルコギに目玉焼きと野菜を合わせておしゃれなワンプレートごはんに。

1 表面加工のしてあるフライパンに冷凍キウイプルコギを入れ、ふたをして弱めの中火で時々菜箸で混ぜながら蒸し焼きにする。牛肉がほぐれてきたらふたを外し、半分ほど火が通ったらパプリカを加え、牛肉に火が通るまで炒める。

2 器にご飯を盛り、レタス、1、目玉焼きをのせ、白ごまをふる。

材料（2人分）
冷凍キウイプルコギ（上記参照）…全量
パプリカ（赤／細切り）・白ごま…各少々
目玉焼き…2枚
ご飯（温かいもの）・レタス（細切り）
…各適量
◎690kcal　◎塩分1.6g　◎10分

冷蔵庫で自然解凍した場合は、ふたはせずに中火で混ぜながら炒める。

牛もものみそ漬け

みそ漬けなら、特売のステーキ肉も
程よく柔らかに、おいしくいただけます。
みそのコクと脂の少ない
もも肉のバランスが絶妙です。

材料（つくりやすい分量）
牛もも肉（ステーキ用）…2～3枚（300g）
A［みそ・みりん…各大さじ2
◎710kcal（全量）　◎塩分4.5g（全量）　◎5分

1 Aは混ぜ合わせる。牛肉の全体にAを塗る。冷凍用保存袋に入れ、空気を抜きながら袋の口を閉じて冷凍する。

保存 冷凍庫で約3週間

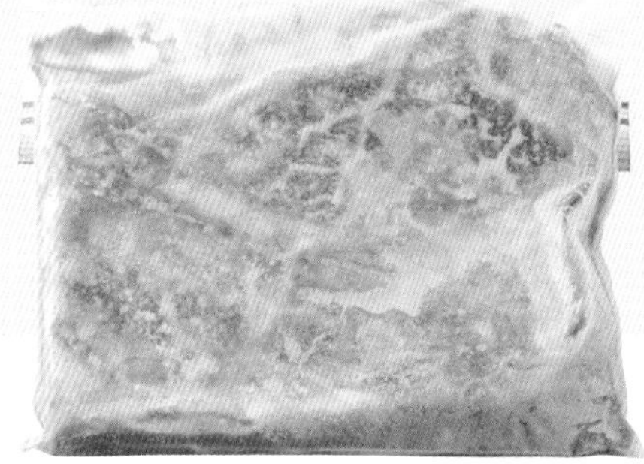

＼お酒のあてに！／

みそ漬け焼き

まずは
この1品！

材料（1人分）とつくり方
表面加工のしてあるフライパンに**冷凍牛もものみそ漬け**（上記参照）**適量**を並べ入れてふたをし、弱火で5分間焼く。上下を返して再びふたをし、2分間焼いて火を通す。食べやすく切り分ける。器に、あれば**青じそ1枚**を敷き、牛肉を盛る。**溶きがらし少々**を添える。
◎250kcal　◎塩分1.5g　◎10分

冷蔵庫で自然解凍した場合は、
3分間焼いて上下を返す。

切り身魚の漬けおき冷凍術

旬の魚の切り身をたれに漬け込むと、味しみになるだけでなく、身はしっとり。冷凍のまま焼くと焦げやすいので、解凍してから調理してください。

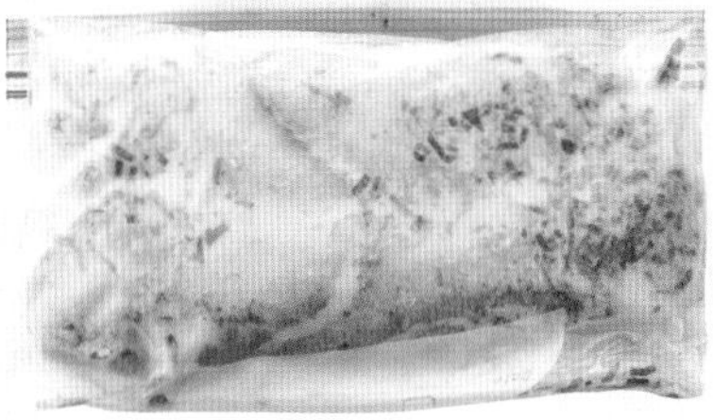

解凍

冷蔵庫に半日ほどおいて自然解凍する。

保存 冷凍庫で約3週間

\ かんきつのエキスで、味が引き締まります /

さわらのゆずこしょうオイル漬け

材料（2人分）

さわら…2切れ（約180g）

A
- 塩昆布（刻む）・柚子《ゆず》の搾り汁…各大さじ1
- オリーブ油…大さじ2
- 柚子こしょう…小さじ1

エリンギ（根元の堅い部分を除いて縦に食べやすく切る）…1〜2本分

すだち*（半分に切って種を除く）…適宜

●塩

◎220kcal

◎塩分1.6g　◎15分**

*レモンなど、好みのかんきつでもよい。

**さわらを冷蔵庫におく時間、冷凍する時間、解凍する時間は除く。

1 さわらに塩小さじ1/4をふり、冷蔵庫に10分間おいて水けを拭く。

2 冷凍用保存袋にAを順に入れ、袋の上から軽くもむ。さわらを加えて全体にからめ、空気を抜きながら袋の口を閉じて冷凍する。

3 表面加工のしてあるフライパンに、自然解凍したさわらを入れる。あいているところにエリンギを並べ、塩1つまみをふって中火にかけてふたをする。片面を3分間焼いて上下を返し、再びふたをしてさらに2分間焼く。

4 器に盛り、好みですだちを添える。

ぶりのピリ辛にんにくみそ漬け

漬けおき冷凍したぶりは身がしっとり。
ピリ辛みそ味でご飯がすすみます。

材料（2人分）

ぶり（切り身）…2切れ（約180g）

A
- 砂糖…大さじ1
- みそ・みりん…各大さじ2
- コチュジャン…小さじ1
- にんにく（すりおろす）…$\frac{1}{2}$かけ分

付け合わせ
- レタス（せん切り）・レモン（薄い半月形に切る）・マヨネーズ…各適宜

●塩

◎240kcal

◎塩分1.5g　◎15分*

*ぶりを冷蔵庫におく時間、冷凍する時間、解凍する時間は除く。

1 ぶりに塩小さじ$\frac{1}{4}$をふり、冷蔵庫に10分間おいて水けを拭く。

2 冷凍用保存袋にAを順に入れ、袋の上から軽くもむ。ぶりを加えて全体にからめ、空気を抜きながら袋の口を閉じて冷凍する。

3 表面加工のしてあるフライパンに自然解凍したぶり（写真）を入れて弱火にかけ、ふたをする。片面を3分間焼いて上下を返し、再びふたをしてさらに2分間焼く。

4 好みで付け合わせを添えて、器に盛る。

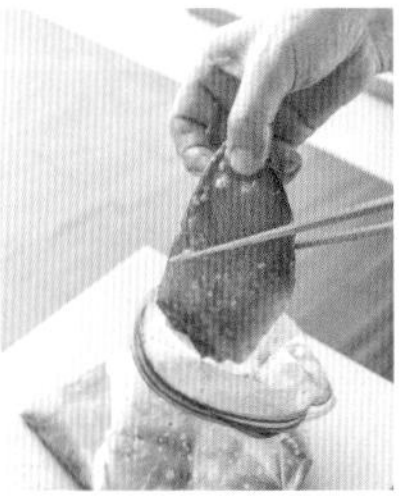

Point!

菜箸でしごくようにして漬け地を拭うと、焦げにくくなり、きれいに焼ける。

ぶりカマのエスニックグリル

ぶりカマが手に入ったら、エスニック風の漬け込みをお試しあれ。
カマの濃いうまみをレモンの風味がさっぱりとやわらげ、野趣に富んだごちそうに。

1 ぶりのカマは全体に塩小さじ¼をまぶして冷蔵庫に30分間以上おき、出てきた水けを拭く。

2 冷凍用保存袋にAを入れて袋の上から軽くもむ。1のぶりのカマを加えて全体にからめ、空気を抜きながら袋の口を閉じて冷凍する。

3 自然解凍したぶりのカマを魚焼きグリル（両面焼き）か、表面加工のしてあるフライパンに入れてふたをし、弱火で10～12分間、焦げつかないように注意して焼く（フライパンの場合、途中で上下を返す）。

4 器に盛り、あればせりを添え、柚子を搾る。

材料（1～2人分）

ぶりのカマ…1切れ（200～250g）

A
- 砂糖・レモン汁・しょうゆ…各大さじ1
- ナムプラー…小さじ2
- にんにく（すりおろす）…小さじ1
- 一味とうがらし…少々

せり…適宜

柚子《ゆず》（種を取る）…½コ

●塩

◎190kcal　◎塩分1.8g　◎15分*

*ぶりのカマを冷蔵庫におく時間、冷凍する時間、解凍する時間は除く。

冷凍切り身魚のおいしい活用術

パック入りの切り身魚は、鮮度が落ちる前に自宅で冷凍すると、ゆっくり使えて便利です。

冷凍方法

●**塩がふられていない生の切り身魚なら、2切れ（180g）につき、塩小さじ1/4をふって冷蔵庫に10分間おく。**出てきた水けを拭き（写真）、1切れずつラップに包み、冷凍用保存袋に入れて冷凍する。

●甘塩ざけなどの**塩がふられている切り身魚なら、**1切れずつラップに包んで冷凍用保存袋に入れ、冷凍する。

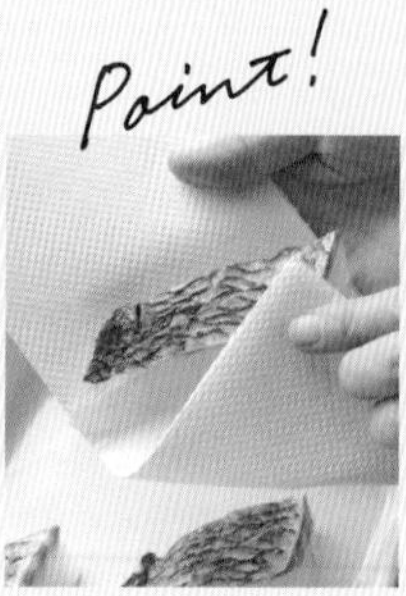

塩をしてしばらくおき、しっかりと水けを拭くことで、魚のくせを除ける。

保存 冷凍庫で約3週間

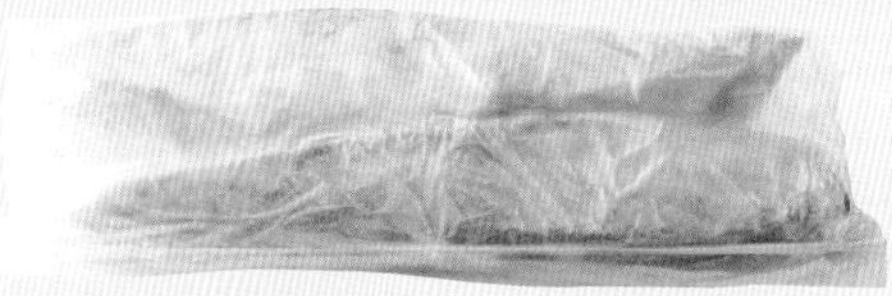

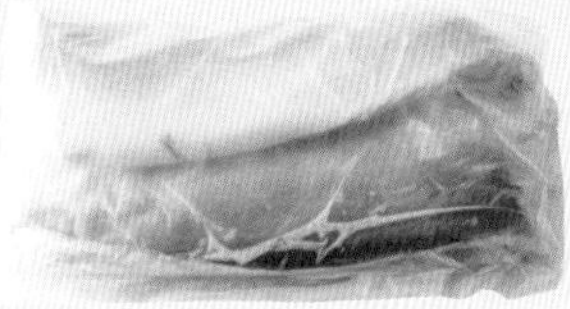

たいのバター蒸し 木の芽添え

凍ったままレンチンしても、驚くほどふっくらした仕上がりに。
木の芽と菜の花を添えて、香りのハーモニーを楽しみます。

1 菜の花は長ければ半分に切る。

2 耐熱皿に冷凍たいをのせて酒小さじ1をふる。Aをのせ、菜の花を添える。ラップをして電子レンジ（600W）に3分間かける。

3 ラップを外し、うす口しょうゆ小さじ1/2をふる。木の芽を手のひらでたたいてのせ、すだちを添える。

材料（1人分）
冷凍たい…1～2切れ（90g）
A［にんにく（薄切り）…3枚
　 バター…10g
菜の花・木の芽・
　すだち*（くし形に切る）…各適量
●酒・うす口しょうゆ
◎210kcal
◎塩分1.1g　◎5分
*好みのかんきつでもよい。

さばのキムチ煮

さばは凍ったまま煮て、即席チゲ風煮込みに。
煮汁までキムチのうまみたっぷりで、
食べごたえ抜群です。いわしやさんまなどの
青魚以外なら、好みの冷凍切り身魚でも！

Point!

キムチは魚のくせを取るだけでなく、うまみのもとにもなる。

1 豆腐は半分に切る。

2 小さめの鍋に冷凍さば、キムチを入れ（写真）、水カップ1/2、にんにくも加えて中火にかけ、沸いてから3分間煮る。みそ大さじ1/2を溶いて加え、あいているところに豆腐を加える。卵を落として、2～3分間煮て半熟状になったら、青ねぎを加えてサッと煮る。

材料（1人分）
冷凍さば…1切れ（90g）
白菜キムチ…30g
絹ごし豆腐…1/4丁（100g）
にんにく（すりおろす）…少々
卵…1コ
青ねぎ（斜め切り）…20g
●みそ
◎350kcal　◎塩分2.8g　◎15分

さけのレンジミルク蒸し

レンジ調理は、1人分の切り身魚をふっくらと仕上げるのに向きます。
かわはぎなどの、季節の白身魚にもおすすめ！

Point!

食材を順に重ね、最後にしょうゆをかけて全体に行き渡るようにする。

1 かぼちゃは1㎝厚さに切る。たまねぎは1㎝幅に切る。冷凍甘塩ざけは大きければ半分に切る。

2 耐熱皿にかぼちゃとたまねぎ、さけ、ブロッコリー、レモン、バター10gを順にのせる。牛乳、しょうゆ小さじ1をかけ（写真）、ふんわりとラップをして電子レンジ（600W）に4分間かける。

材料（1人分）

冷凍甘塩ざけ…1切れ（90g）
かぼちゃ・たまねぎ…各50g
ブロッコリー（小房に分ける）…少々
レモン（薄い半月形に切る）…1枚
牛乳…大さじ2
●バター・しょうゆ

◎320kcal　◎塩分2.7g　◎10分

“柔らかなさけとかぼちゃをミルクの味わいがやさしく包みます”

（冷凍フルーツ便利帖）

りんご編

りんごがたくさん手に入ったら、アップルソースでおいしく食べきって。水分が抜けたりんごでも、おいしくできますよ。

アップルソース

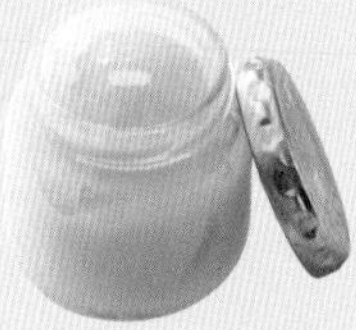

砂糖を一切使わない、やさしい甘さのソース。
パンやヨーグルトのお供、肉料理のソースなどに。

1 りんごは皮と芯を除き、一口大に切る。

2 鍋に入れ、塩1つまみ、水大さじ1を加え、ふたをして中火にかける。焦げつきそうなら火を弱め、時々混ぜながら、りんごが柔らかくなるまで5分間ほど煮て火を止める。

3 粗熱を取り、ハンドブレンダーまたはフードプロセッサーでかくはんしてピュレ状にする。清潔な保存容器に移して冷凍する。
ハンドブレンダーやフードプロセッサーがなければ、マッシャーでつぶすとよい。

保存 冷凍庫で約2か月間

材料（つくりやすい分量）
りんご…1コ（200～300g）
●塩
◎110kcal（全量）
◎塩分1.0g（全量）
◎10分*
*粗熱を取る時間は除く。

第3章

肉おかずの冷凍ストック

調理済みの肉おかずを冷凍ストックしておけば、忙しい日も温めるだけで一品完成！
ちょっと時間のある日に多めにつくって、すぐに食べない分を冷凍すると経済的です。
翌日のおかずに、お弁当にと活用できて、
アレンジしても、そのまま食べてもおいしい、忙しい日の救世主になります。
うすめの味つけの「焼きおき」肉おかずは、加熱済みのお肉として
煮物などに使っても美味。塊肉やジャンボパックで多めにつくるおかずは、
「小分け冷凍」・「シート冷凍」の2パターンで、使いやすくしてから保存しましょう。

鶏の焼きおき

冷凍焼きおき肉は、下味つきで火が通っているから、主菜の大幅時短に！ レンチン解凍してそのまま食べてもおいしい味つけです。

保存 冷凍庫で約3週間

そのまま食べるときは

・耐熱容器に入れ、ふんわりとラップをして電子レンジ（600W）に100gにつき2〜3分間かける。

材料（つくりやすい分量）
鶏もも肉…2枚（600g）
●塩・こしょう・片栗粉・オリーブ油
◎1450kcal（全量）
◎塩分4.2g（全量）　◎10分*
*冷ます時間は除く。

1 鶏肉は一口大に切る。塩小さじ½、こしょう少々をふってもみ込み、下味をつける。片栗粉大さじ2をまぶす。

2 フライパンにオリーブ油大さじ2を中火で熱し、1の鶏肉の皮側を下にして入れる。ふたをして3分間焼き、全体が白くなったら、ふたを取って上下を返し、さらに2分間焼いて火を通す。完全に冷まし、冷凍用保存袋に入れて冷凍する。

他にも
■チキンサラダに
■おろしポン酢をかけて

使い方

「かぼちゃのチキングラタン」▸ P.12
「厚揚げと鶏といんげんの煮物」▸ P.36
「鶏ごぼうのみそ煮」▸ P.79

鶏ごぼうのみそ煮

鶏肉にごぼうの風味とみそがよくなじみます。

1 耐熱ボウルに冷凍鶏の焼きおきと冷凍ごぼうを入れ、溶き混ぜたAをかける。

2 ふんわりとラップをして電子レンジ（600W）に5分間かけ、途中2度ボウルを取り出して混ぜる。ラー油をかけ、ざっと混ぜて器に盛り、細ねぎをふる。

材料（2人分）
冷凍鶏の焼きおき（P.78参照）…200g
冷凍ごぼう（P.46参照）…60g
A［みそ・みりん…各大さじ1½
細ねぎ（小口切り）・ラー油…各少々
◎310kcal　◎塩分2.3g　◎10分

豚の焼きおき

片栗粉をふって焼きつけるので、解凍してもしっとり柔らか。分厚い豚カツ用肉が、薄切り肉のように使いやすいストックに。

保存 冷凍庫で約3週間

そのまま食べるときは

・耐熱容器に入れ、ふんわりとラップをして電子レンジ（600W）に100gにつき2～3分間かける。

材料（つくりやすい分量）

豚肩ロース肉（豚カツ用）…3枚（300g）

●塩・こしょう・片栗粉・オリーブ油

◎870kcal（全量）

◎塩分1.8g（全量）　◎10分*

*冷ます時間は除く。

1 豚肉は一口大に切る。塩小さじ$\frac{1}{4}$、こしょう少々をふってもみ込み、下味をつける。片栗粉大さじ1をまぶす。

2 フライパンにオリーブ油大さじ1を中火で熱し、1の豚肉を入れる。ふたをして2分間焼き、全体が白くなったらふたを取って上下を返し、さらに2分間焼いて火を通す。完全に冷まし、冷凍用保存袋に入れて冷凍する。

他にも
- 酢豚に
- ラーメンにのせて

使い方

「豚ピー」▶ P.81

豚《とん》ピー

メインディッシュにふさわしいおかずが、
レンチンだけで簡単に！

材料（2人分）
冷凍豚の焼きおき（P.80参照）…200g
冷凍ミックスピーマン（P.24参照）…100g
オイスターソース…大さじ1
粉ざんしょう…少々
◎310kcal　◎塩分1.7g　◎10分

1. 耐熱ボウルに冷凍豚の焼きおきと冷凍ミックスピーマンを入れ、オイスターソースをかける。
2. ふんわりとラップをして電子レンジ（600W）に5分間かけ、途中2度ほどボウルを取り出して全体を混ぜてなじませる。器に盛り、粉ざんしょうをふる。

肉おかずの冷凍ストック術

2パターン

解凍してそのまま食べられる調理済み肉おかずをストックしておけば、毎日のごはんづくりに大きな余裕が生まれます。おかずやお弁当にサッと使いたいものは小分けに、しっとり具合をキープしたいものは煮汁に浸してシート状にと、それぞれの料理に合わせて冷凍方法を使い分けると便利です。

＼お弁当のおかずにピッタリ！／

解凍

どの冷凍肉おかずも、使う半日前から使う分だけ冷蔵庫において解凍する。

＼使う量ずつ／

1 小分け冷凍

使う量ずつ小分けにしてラップで包むか、弁当用のカップに入れて保存容器に並べ、冷凍する。

保存 冷凍庫で約3週間

「鶏もも肉の照り焼き」▶ P.83
「牛しぐれ煮」▶ P.84

＼煮汁ごと／

2 シート冷凍

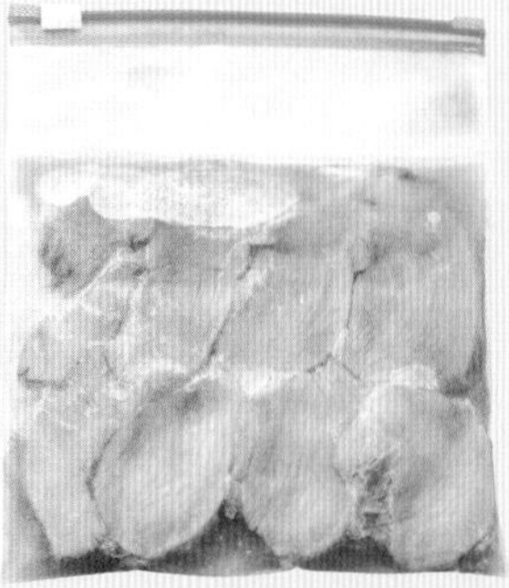

食べやすい大きさに切り分け、使いやすい分量を煮汁ごと冷凍用保存袋に入れ、シート状に整えて冷凍する。

保存 冷凍庫で約3週間

「鶏むね肉のしっとり煮」▶ P.88
「ゆで豚」▶ P.91

鶏もも肉の照り焼き

ご飯によく合う"鶏照り"のストックは、
おかずにお弁当にと大活躍します。

材料（つくりやすい分量）
鶏もも肉…2枚（600g）
A［みりん…大さじ3
　 うす口しょうゆ…大さじ2
●塩・こしょう
◎1260kcal（全量）
◎塩分7.6g（全量）　◎15分

1 鶏肉に塩・こしょう各少々をふる。

2 表面加工のしてあるフライパンに鶏肉を皮を下にして入れ、中火にかける。ふたをして4分間ほど焼く。8割程度火が通ったら上下を返し、再びふたをして4分間ほど焼く。火が通ったらふたを取り、Aを加えて全体にからめ、上下を時々返しながら煮汁がトロリとするまで煮詰める。

冷凍　粗熱を取り、2cm幅に切る。小分けにしてラップで包み、保存容器に並べて冷凍する。

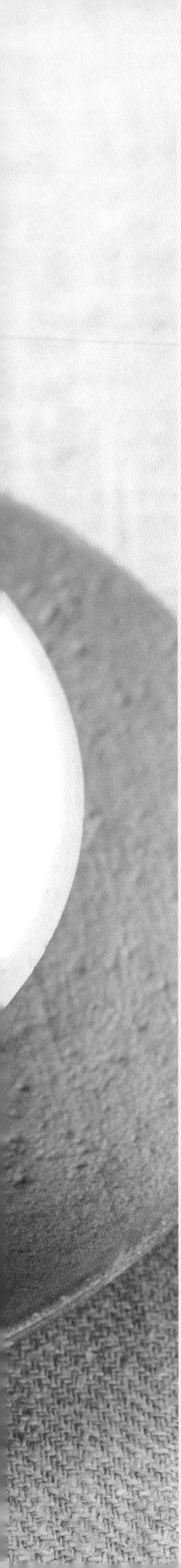

牛しぐれ煮

冷めてもおいしくいただける
しぐれ煮はストックおかずにぴったり。
小分けで冷凍しておけば、
お弁当にカップごと入れられて便利。

Point!

焦げないように混ぜながら、煮汁がほぼなくなるまで煮詰めて味を含ませる。

材料（つくりやすい分量）
牛こま切れ肉…300g
A［酒・砂糖・しょうゆ …各大さじ2
　しょうが（細切り）…20g］
◎920kcal（全量）
◎塩分5.6g（全量）　◎10分

1 牛肉は大きければ食べやすい大きさに切る。

2 フライパンに牛肉とAを入れて中火にかけ、混ぜながら煮汁がほぼなくなるまで5分間ほど煮詰める（写真）。

冷凍 粗熱を取り、弁当用のカップに入れて保存容器に並べ、冷凍する。

“もちろん、冷凍前の
できたても美味ですよ”

食べるときは
細ねぎ、白ごまなどを
のせても

牛しぐれ煮を
使って

焼き豆腐の牛しぐれ煮

ストックを解凍しておけば、すき焼き風の小鉢もパパッと完成。

1 焼き豆腐は食べやすい大きさに切る。

2 フライパンに焼き豆腐、牛しぐれ煮を入れ、豆腐にAをかけて青ねぎをのせる。ふたをして弱めの中火にかけ、時々上下を返しながら3分間ほど蒸し焼きにする。

3 器に盛り、好みで粉ざんしょうをふる。

材料（1人分）

冷凍牛しぐれ煮（P.84参照／解凍したもの）…50g

焼き豆腐…$\frac{1}{2}$丁（150g）

A
- 酒…大さじ1
- 砂糖・しょうゆ…各大さじ$\frac{1}{2}$

青ねぎ（斜め切り）…1本分

粉ざんしょう…適宜

◎310kcal　◎塩分2.3g　◎5分

牛しぐれ煮を
使って

牛しぐれ煮の手巻きずし

韓国の「キンパ」風手巻きずし。しぐれ煮の甘辛味とごま油の風味がよく合います。

1 ボウルにAを順に入れて混ぜる。

2 焼きのりの上に1のご飯、きゅうり、牛しぐれ煮を順に等分にのせて巻く。

材料（3本分）

冷凍牛しぐれ煮（P.84参照／解凍したもの）*…50g

A
- ご飯…150g
- たくあん（粗みじん切り）…10g
- 塩…1つまみ
- 白ごま・ごま油…各小さじ1

焼きのり（手巻き用）**…3枚

きゅうり（細切り）…1/4本分（30g）

◎160kcal（1本分）　◎塩分0.8g（1本分）　◎5分

*脂が白く固まっていたら、耐熱皿にのせてラップをふんわりとかけ、電子レンジ（600W）に20秒間ほどかける。

**全形なら、半分に切ったもの3枚。

鶏むね肉のしっとり煮

余熱で火を通した鶏むね肉は驚くほど柔らか！
煮汁と一緒に冷凍すれば、うまみとしっとり具合をキープできます。

Point!

鶏肉の中まで余熱でゆっくりと火が入り、堅くならない。

1 鶏肉は皮を除いて常温に戻しておく。厚手の鍋にAを入れて中火にかけ、沸いたら鶏肉を加えて1分間煮る。ふたをして火を止め（写真）、常温になるまでおいて中まで火を通す。

冷凍 鶏肉を取り出して1cm厚さに切る。冷凍用保存袋に使いやすい分量と煮汁適量を入れてシート状に整え、冷凍する。

材料（つくりやすい分量）

鶏むね肉…2枚（600～700g）

A
- だし…カップ2 1/2
- みりん・うす口しょうゆ…各カップ1

◎670kcal（全量）

◎塩分7.0g（全量）　◎5分*

*鶏肉を常温に戻す時間、鍋を常温になるまでおく時間は除く。

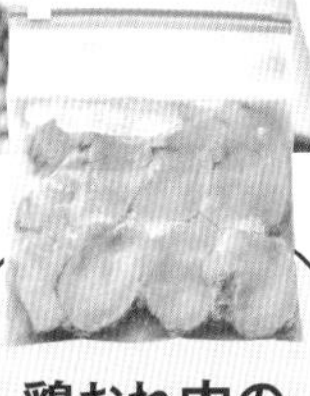

鶏むね肉の
しっとり煮を
使って

鶏むね肉の アボカドサラダ

アボカドを鶏肉にからめて、濃厚なコクを楽しんで。

1 鶏むね肉のしっとり煮は手でほぐす。

2 アボカドは皮と種を除く。ボウルに入れてフォークの背でつぶす。1、紫たまねぎ、Aを加えて混ぜる。

3 器に盛り、トマトをかける。

材料（2人分）

冷凍鶏むね肉のしっとり煮
（P.88参照／解凍したもの）…2切れ（約60g）

アボカド…1/2コ（約70g）

紫たまねぎ（みじん切り）…20g

A ［レモン汁・オリーブ油…各小さじ1
　 塩…1つまみ

トマト（粗みじん切り）…適量

◎110kcal　◎塩分0.9g　◎5分

鶏むね肉の冷や汁

味つけいらずの豆乳だしは、鶏のうまみたっぷり！ 後を引くおいしさです。

1 ボウルにきゅうりを入れて塩1つまみをふってもみ、3分間ほどおいて水けを絞る。みょうがと青じそはそれぞれサッと水にさらし、水けをギュッと絞る。鶏むね肉のしっとり煮は手でほぐす。

2 茶碗にご飯をよそい、1をのせ、あれば粉とうがらしをふる。混ぜ合わせたAをかけて混ぜながら食べる。

材料（2人分）

冷凍鶏むね肉のしっとり煮
（P.88参照／解凍したもの）…2切れ（約60g）

きゅうり（小口切り）…1/2本分（60g）

みょうが（せん切り）…1コ分

青じそ（せん切り）…3枚分

ご飯…小さめの茶碗《わん》2杯分

A
- 無調整豆乳…カップ1/2
- **冷凍鶏むね肉のしっとり煮の煮汁**
（P.88参照／解凍したもの）…カップ1/4

粉とうがらし…適宜

●塩

◎260kcal　◎塩分1.6g　◎5分

鶏むね肉のしっとり煮を使って

Point!

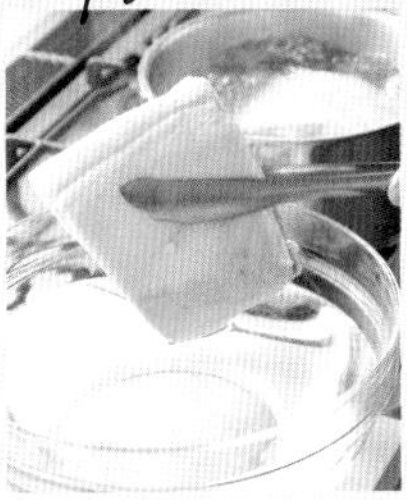

水で洗って豚肉表面のアクを洗い流す。脂も落ちてゆで上がりはさっぱりとした味に。

1 大きめの鍋に湯を沸かし、豚肉を入れる。強火でグラグラと3分間ほどゆでて取り出し、アクを洗い流す（写真）。

2 鍋に豚肉とかぶるくらいの水を入れてふたをし、中火にかける。沸いたら弱火にして、コトコトと40～50分間ゆでる。柔らかくなったら火を止め、常温になるまでおく。

冷凍 ゆで汁に浮いた白い脂は除く。豚肉は繊維を断つように1.5㎝厚さに切る。冷凍用保存袋に使いやすい分量とゆで汁適量を入れてシート状に整え、冷凍する。

材料（つくりやすい分量）

豚バラ肉（塊）…2～3コ（1kg）

◎3260kcal（全量）

◎塩分1.0g（全量）

◎1時間*

*常温になるまでおく時間は除く。

シート冷凍

ゆで豚

ゆでたては格別ですが、ゆで汁ごと冷凍したものを温め直してもおいしさはそのまま。ゆで汁はスープにしてもおいしいですよ。

食べるときは

ゆでキャベツやピーマンなどを添え、溶きがらし、みそ、粗塩などの好みの調味料をつけて食べても

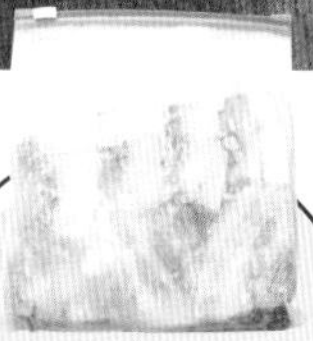

ゆで豚を使って

串焼き豚

甘辛にんにくだれをトロッとからめて焼くだけ。
柔らかな豚のうまみが口一杯に広がります。

Point!

豚肉の繊維と垂直に竹串を刺すと、肉がくずれない。

1 ゆで豚は食べやすい大きさに切り、1/3量ずつ竹串に刺す（写真）。ピーマンはヘタと種を取り、1.5cm幅の輪切りにする。

2 表面加工のしてあるフライパンに1のゆで豚を並べ入れ、あいたところにピーマンも加えて中火にかける。Aを加え、ゆで豚の上下を返してたれを全体にからめながら3分間ほど煮詰める。

3 器に盛り、あれば粉ざんしょうをふる。

材料（つくりやすい分量）

冷凍ゆで豚

（P.91参照／解凍したもの）

…3切れ（約150g）

ピーマン…1コ

A ［みりん・しょうゆ…各大さじ1
　 にんにく（すりおろす）…少々

粉ざんしょう…適宜

◎660kcal（全量）

◎塩分2.8g（全量）　◎5分

ゆで豚の
キムチ青じそ巻き

青じそと柔らかいゆで豚でキムチを包んでパクッ。
思わずいくつもつまみたくなるおいしさです。

材料（2人分）
冷凍ゆで豚（P.91参照／解凍したもの）*
…3切れ（約150g）
青じそ…6枚
白菜キムチ…適量
白ごま…少々
◎320kcal
◎塩分0.8g　◎5分

*脂が白く固まっていたら、耐熱皿にのせてラップをふんわりとかけ、電子レンジ（600W）に20秒間ほどかける。

1 ゆで豚は半分に切る。

2 青じそにゆで豚、キムチをのせる。白ごまをふり、巻いて食べる。

ゆで豚を
使って

〈冷凍素材別早引きさくいん〉

STAFF

デザイン
野澤享子(Permanent Yellow Orange)
撮影
内藤貞保
スタイリング
小笠原智晴
調理アシスタント
酒井智美
栄養計算
宗像伸子
校正
円水社
編集
曽布川佳右・山田葉子(NHK出版)
協力
NHKエンタープライズ近畿

大原千鶴 おおはら・ちづる

料理研究家。生家は京都・花《はな》脊《せ》の老舗料理旅館で、里山の自然に親しみながら和食の心得や美意識を育む。合理的な手法で繰り出される確かな味わいの家庭料理と、明るく親しみやすい人柄で幅広い層の支持を集めている。二男一女の母。
「きょうの料理」「あてなよる」「京都人の密《ひそ》かな愉《たの》しみ」(いずれもNHK)、「キユーピー3分クッキング」(日本テレビ)など、メディア出演多数。
『NHKきょうの料理　大原千鶴の絶品手づくりだれ料理帖』『NHKきょうの料理　大原千鶴のかんたん仕込みごはん　朝に仕込んで、夜はすぐ!』『あてなよる　大原千鶴の簡単・絶品おつまみ帖』(いずれもNHK出版)など、著書多数。

NHKきょうの料理
大原千鶴の
おいしい冷凍レシピ

2023年6月20日　第1刷発行

著者　大原千鶴
©2023　Ohara Chizuru
発行者　土井成紀
発行所　NHK出版
〒150-0042 東京都渋谷区宇田川町10-3
電話 0570-009-321(問い合わせ)
0570-000-321(注文)
ホームページ https://www.nhk-book.co.jp
印刷・製本　共同印刷

乱丁・落丁本はお取り替えいたします。
定価はカバーに表示してあります。
本書の無断複写(コピー、スキャン、デジタル化など)は、
著作権法上の例外を除き、著作権侵害となります。

Printed in Japan
ISBN　978-4-14-033327-3　C2077